有趣的
语文 故事

田 丹 编著

江西高校出版社
JIANGXI UNIVERSITIES AND COLLEGES PRESS

图书在版编目（ＣＩＰ）数据

有趣的语文故事／田丹编著 . — 南昌 ： 江西高校
出版社，2016. 5（2020.6 重印）

ISBN 978-7-5493-4263-1

Ⅰ . ①有… Ⅱ . ①田… Ⅲ . ①阅读课－中小学－课
外读物 Ⅳ . ① G634.333

中国版本图书馆 CIP 数据核字（2016）第 102825 号

出 版 发 行	江西高校出版社
社 址	江西省南昌市洪都北大道 96 号
编 辑 电 话	（0791）88170528
销 售 电 话	（0791）88170198
网 址	www. juacp. com
印 刷	湖南锦泰数字印刷有限公司
经 销	各地新华书店
开 本	710mm × 1000mm 1/16
印 张	10
字 数	117 千字
版 次	2016 年 5 月第 1 版 2020 年 6 月第 2 次印刷
书 号	ISBN 978-7-5493-4263-1
定 价	59. 00 元

赣版权登字 -07-2016-251

目 录
CONTENTS

第一章
探索自然

 ## 主题引言

　　若世界上真有一种神是造物主的话，那它一定拥有广博的智慧、巧夺天工的技艺，以及摄人心魄的法力，它就是——大自然。大自然辽阔的蓝天白云间有彩虹、乌云、北极光，大自然一望无际的海洋里有珊瑚、大白鲨、海豚，甚至连一望无垠的沙漠里，大自然都不忘赋予它仙人掌、骆驼……大自然的奇妙，我们无法用语言和文字全部表达；它等着我们学会用眼睛去发现它的美丽……

　　大自然是人们的第一本教科书。让我们去看一看发生在人与自然之间的故事，学会用智慧去探索自然，与大自然和谐相处！

目标课文一：黄山奇石

会"哭"会"叫"的奇石

石头，对于每个人来说都不陌生。地球上有很多石头，其中包括不少特殊的石头。它们有着异于平常的色泽、形态，因此被人们奉为珍宝，譬如钻石、玛瑙、翡翠等。今天，我们要带大家去认识的，却是一种会"哭"的石头！

在缅甸北部，每当天空下着绵绵细雨的时候，丛林里的动物们就会纷纷赶"回家"躲雨，茂密而广阔的原始丛林里就只剩下淅淅沥沥的雨声。但如果此时你身处于这片原始丛林中，你定会隐隐约约听到丛林深处仿佛有人在哀号，似乎在撕心裂肺地哭诉着"他"的不幸！不要害怕，这只是石头在哭泣！

这块会"哭"的石头，每到阴雨天，就会"号啕大哭"！至于它为什么会"哭"，很多地质学家经过千百次的实地考察也没能得到答案。

现在，这块会"哭"的石头已经被缅甸政府列为"缅甸十大奇观"之一。

无独有偶，在千万里之外的欧洲也有一块石头是个"爱哭鬼"。它位于法国和西班牙交界处的比利牛斯山里，约有八九层楼那么高。和缅甸奇石不同的是，它只在晴天的午后才"哭"。如果你在一个晴朗的午后，站在它旁边，你就能听见它的"哭声"，就像是一个小女孩在低声啜泣一样。它的"哭声"，吸引了世界各地的游客前来聆听，同时大家也希望能通过亲访实地，猜透它哭泣的原因……

大家不用羡慕外国的那些"爱哭鬼"们，因为在我国的广西靖西县也有一块会发声的石头，它就是牛鸣石。牛鸣石横卧在两块硕大的岩石上，远远看过去就像是一头大灰牛趴在大石头上呢。走近时，你就会发现，牛鸣石的表面已经被风吹得异常光滑，但它的里面有许多错综复杂的小孔，这些小孔之间互相贯通。你只需要向洞里吹吹气，牛鸣石就能发出雄浑的声音，像是一头强壮无比的神牛在号叫似的。巨大的声音在山谷间回荡，不禁让人觉得有群牛在呼应，那势头竟像是要踏平大地一般。难怪古人称赞牛鸣石"伏石牛鸣吹月旋"，意思就是牛鸣石一咆哮，月亮都会跟着旋转起来。

👉 知识卡片

奇石，从字面上我们就可以知道，是指不同寻常的石头，可以是形状不一般，也可以是材质、造型、色彩等不同寻常。奇石总是因为其独特性或稀有性深深吸引着人们。奇石是自然界馈赠给人类的礼物，自然天成的奇石在不同时期和不同地方有不同的名字。古代的时候，我们叫它们"怪石、雅石、供石、案石、几石、玩石、巧石、丑石、趣石、珍石、异石、孤赏石……"在我国香港、台湾一带被人们叫作"雅石"，而在日本则被叫作"水石"。

 **拓展阅读**

天下第一奇石——风动石

福建省的东南部有一座岛屿叫东山岛，是一处闻名遐迩的风景旅游胜地。在东山岛的东边，有一块重 20 多吨的大石头，叫风动石，远远看过去，仿佛是一只狡黠的兔子卧在一块大石头上。风动石和下面的地盘石连接处仅有几平方厘米，所以，当风刮过大海，吹上东山岛时，风动石也会跟着摇晃起来，让站在石头脚下的人感到提心吊胆；但只要风一停，风动石就会又平稳如初了。1918 年 2 月 13 日，东山岛发生 7.5 级地震，山石滚落，屋倒人亡，可风动石却安然无恙。"七七事变"后，日军企图搬走风动石，结果拉断了多条钢丝索，风动石也还是纹丝不动。历经亿万年风雨沧桑，风动石仍然斜立在东山岛上！

目标课文二：金色的草地

红军过草地

1934 年 10 月，由于中共内部"左"倾冒险主义的错误领导，我党在第五次反"围剿"中失利，中央红军主力部队不得不离开湘赣苏区，进行历史上有名的"二万五千里长征"。在毛泽东、周恩来等领导人的率领下，红军从四川毛儿盖出发，进入草地。历经七天七夜，才走出天险。据后来的统计，在过草地的七天七夜里，红军牺牲最大。

进入草地的沼泽环境，浓雾笼罩下的红军战士们对前途一无所知。

饥寒交迫以及低气压下的缺氧，让红军战士们每前行一步，都十分艰难。在这种恶劣的环境下，很多身体素质良好的壮实小伙都一病不起。战士们面临的不光是饥寒交迫给身体带来的摧残，更多的是心灵上的折磨。满眼都是齐腰的青草，下面不知哪里就是布满机关陷阱的沼泽。有的时候，前一位战士还能安然通过，下一位战士稍微踏偏了半步，就深陷沼泽，再也起不来了。沼泽就像黑巫师的大袖袍，不知道下一秒，这个袖袍里又会跑出什么怪物，将战士们生吞活剥。前有阻击、后有追兵的心理压力，已经让人快到了崩溃的边缘，再加上要时刻提心吊胆地避过草地里的天然陷阱，战士们的生理和心理都受到了严重的打击。

　　贺龙元帅看到战士们吃不饱，就带头挖野菜。草地里并不是像我们想的那样，遍地都是野菜、草根。由于草地里到处都是沼泽，地上都是野草或者植物腐败之后留下的淤泥，连一块干燥的地面都很难找到。偶尔遇见一两处河沟、水塘，贺龙元帅就带头去钓鱼。贺龙元帅饿着肚子守在水塘边，天蒙蒙亮就出去，天黑才回营，钓的鱼有半袋子，足有几十斤。回到宿营地后，他立刻让炊事班用鱼就着野菜做汤，还招呼所有的战士们一起来吃，并亲自帮大家盛鱼汤，一人一茶缸子，分完之后再把剩下的鱼汤分给伤员，最后才给自己舀上一小茶缸。为了缓解大家的心理压力，贺龙元帅边吃边说："味道真不错啊，要是再放点盐进去，堪比长沙城里的三鲜汤啊。"战士们揪紧的心在这一刻得到了暂时的放松。

　　无边无际的草地，到处都是水沼草滩，无时无刻不在威胁着红军们的生命安全。但是，红军战士们没有被困难吓倒，最终凭着坚强的意志和乐观的革命主义精神，走出了草地"天险"。

知识卡片

　　草地位于四川盆地和青藏高原的交接处，面积约 15200 平方公里。红军长征时穿越的草地主要位于现在川西毛儿盖地区。草地实际上是高原湿地，由于河道曲折横生，地势又低洼，水流经年淤滞，形成了泥质沼泽。沼泽里多年下来，生长了许多草，主要有藏蒿草、乌拉苔草、海韭菜等，这些草盘根错节，形成了草甸，草甸下面则是积水和淤泥。人和骡马在草地上行走，必须脚踏草丛根部，沿着草甸前进，否则很容易深陷沼泽，丧失性命。每到雨季，天空中迷雾笼罩，豆大的雨滴无情地砸向一望无际的草地里，草甸下的淤泥就会更加泥泞，战士们也就更加寸步难行。但是，当年我们的红军正是在这个季节穿过草地的。

拓展阅读

七律·长征

毛泽东

1935 年 10 月

红军不怕远征难，万水千山只等闲。

五岭逶迤腾细浪，乌蒙磅礴走泥丸。

金沙水拍云崖暖，大渡桥横铁索寒。

更喜岷山千里雪，三军过后尽开颜。

第一章 探索自然

目标课文三：秋天的雨

龙王与甘雨

看过《西游记》的人都知道其中有这么一个片段，孙悟空难敌红孩儿的三昧真火，请来了龙王帮忙，想要用雨扑灭大火。在《西游记》里面，龙王出场可不止这一处，每次请来龙王，必定少不了降雨。在中国古代神话里，龙王就是天上掌管降雨的神仙。在封建社会，如果久旱不雨，人们就会大做法事，祈求龙王降雨。难道雨真的是天上、海里的龙王下令降下来的？

当然不是！我们都知道，雨虽然是从天上降下来的，但并不是龙王下令降下来的。陆地上的江海河流就像一锅水，太阳就像柴火一样，缓缓地烧着这个锅子，慢慢地锅子里的水汽化成水蒸气。水蒸气缓缓上升，由于高空和地面的温度差，水蒸气到达一定的高度之后，就会液化凝结成小水珠。这些小水珠在高空中飘浮，就形成了我们平常看

见的云朵。云层里的小水珠们可不安分，它们相互碰撞形成更大的水珠，当温度或者气压变化时，水珠还会结晶、结冰。当高空的气压不足以托起这些水珠、冰珠时，它们就会纷纷落向大地，这就是我们常说的雨。

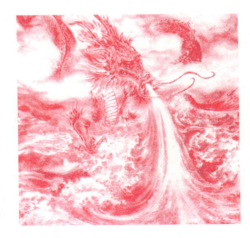

古时候，人们的科学知识有限，才会认为雨是天上的神仙对

人们的恩赐。每每说到雨，人们就会联想到风、云、雷、电，也因此，人们编造了许多相关的神话人物形象，给这些神话人物形象以无限的能力，如风伯掌管风，云神掌管云，而虬龙化身的赤松子则掌管雨。相传在4600多年前的涿鹿，黄帝部落和炎帝部落联合起来大战蚩尤部落。蚩尤就派遣风伯、云神和赤松子，吹起大风、漫起大雾、降下大雨，让炎、黄部落迷失在大风大雨里。幸好黄帝用指南车辨别出方向，奋起反击，将蚩尤一举击败。雨神赤松子也被降服，黄帝命其仍然担任雨神一职。从此便有了龙王掌管四方风雨一说。

雨水和黎民百姓的生计息息相关，因此古代的人们一直梦想着能掌控雨水，于是他们将这个美丽的愿望附加在神话传说里。那时的人们一定猜想不到，未来的人类已经能像神一样施云布雨（人工降雨）了。

 素材宝库

雨·诗歌积累

● 沾衣欲湿杏花雨，吹面不寒杨柳风。　　　　——志南和尚《绝句》

● 渭城朝雨浥轻尘，客舍青青柳色新。　　——王维《送元二使安西》

● 好雨知时节，当春乃发生。　　　　　　　——杜甫《春夜喜雨》

● 七八个星天外，两三点雨山前。　　　　　——辛弃疾《西江月》

● 夜来风雨声，花落知多少。　　　　　　　——孟浩然《春晓》

● 清明时节雨纷纷，路上行人欲断魂。　　　——杜牧《清明》

● 水光潋艳晴方好，山色空蒙雨亦奇。——苏轼《饮湖上初晴后雨》

● 山路元无雨，空翠湿人衣。　　　　　　　——王维《山中》

 探究乐园

雨里面的捣蛋鬼：酸雨

人们称 pH 值（溶液中氢离子的浓度值）小于 5.6 的雨水为酸雨。随着现代工业的发展，人们向空气中排放的二氧化硫等酸性气体也越来越多，这些气体遇到漂浮在大气中的雨滴，就会与其形成硫酸、硝酸等具有腐蚀性的酸性物质。这些雨滴落在人的皮肤上，会让人的皮肤溃烂；滴落在田地里的农作物上，会毁坏粮食；接触到动植物身上，会破坏生态平衡……现在，酸雨已成为一种常见的自然灾害了。

有些同学会说，即使人类不破坏环境，也会下酸雨，因为电视里都说火山爆发就会带来酸雨。其实现在的科学研究表明，火山喷发与酸雨没有直接关系，火山喷发出来进入大气的物质主要是岩石、矿物质等。火山喷发还会释放一些硫化物，但是形成酸雨的可能性极小。

目标课文四：观潮

神奇的钱塘江大潮

相传，春秋时期，吴王夫差和越王勾践大战，勾践惨败。在迫不得已的情况下，勾践只能向吴王夫差俯首称臣，却在暗自发奋，以图复国。为了提醒自己不忘国耻，勾践在自己的卧室里悬挂了一颗苦胆，每天都舔舔苦胆，让自己记住被夫差关押在吴国的耻辱和痛苦。这件事被吴国的大臣伍子胥知道了，伍子胥立即去向吴王夫差进谏，希望

吴王把勾践杀掉，以绝后患。
吴王却听信奸臣谗言，敌我不
分，不但没有杀死勾践，反而
赐剑让伍子胥自刎，还将伍子
胥的尸首放在大锅里煮烂，装
在皮囊里，扔进了钱塘江中。
伍子胥死后，越王勾践在大夫

文种的帮助下，很快就灭掉了吴国。大夫文种跟着越王勾践还没有过
几天好日子，就被奸臣所害，和伍子胥一样，被自己的君王赐死了。
伍子胥和文种虽然分居钱塘江两岸，各为其主，但都曾是国家的股肱
之臣，最后却落得同样的下场。后世之人便传说，是两位忠臣的怨气
和愤恨化作钱塘江的滔天巨浪，在每年的八月十八日，掀起钱塘江的
怒潮，让世人惊醒。

　　这当然只是个传说。那么，到底是什么掀起了雄壮的钱塘江大
潮呢？

　　其实很多大江大河都会有潮汐，而钱塘江大潮是我们国家最大的
潮汐。潮头呼啸着迎面奔来，呼啸声振聋发聩，刚刚还是远处天边的
一条白线，眨眼间就扑到了眼前，仿佛有个巨人要把整个钱塘江翻过
来似的。为什么会出现这样壮观、动人心魄的钱塘江大潮呢？这是由
天体引力和地球自转的离心作用，再加上杭州湾喇叭口的特殊地形所
造成的。每到农历八月十八日这天，海水受到的潮引力最大。钱塘江
的江水奔流向大海，当它们涌入海口杭州湾的时候，杭州湾的口子急
速缩小，就好像是一个沙漏中间的细管一样。钱塘江的江水滚滚流向
杭州湾，潮头却受到小口子带来的阻碍，不得不汇集在杭州湾内，但
是后面的江水并不知道前面"堵车"了，依然奔涌而来，潮头受到后

面潮水的巨大压力，只好往天上跃起，这就形成了我们看见的大墙一般的"潮头墙"。潮头受到的压力越来越大，只好反扑，往回冲。这便是闻名遐迩的"回头潮"了。这个时候潮头的压力十分巨大，几百吨重的江水在瞬间像炸弹一般爆裂，仅仅是浪尖的压力，就可将人体的骨头和内脏拍扁压碎。所以去观看钱塘江大潮时，一定不要低估潮头的威力，谨防被钱塘潮卷走。

探究乐园

为什么钱塘江大潮总是在每年农历的八月十八左右发生呢？这是因为，每年农历的八月十六到八月十八这几天，太阳、地球、月亮运行到一个特殊的位置，三者几乎是在同一条直线上。地球上所有的海水都会受到潮引力的作用，而潮引力是由地球受到太阳或月亮等其他天体对地球的引力以及地心引力之间的差值造成的。当太阳、月亮和地球在同一条直线上时，潮引力最大，钱塘江的潮汐因此受到了很大的影响。另外，由于上文中的原因，钱塘江在农历的八月十八这天，潮汐易进难退，从而引起了罕见的奇观——钱塘江大潮。

拓展阅读

钱塘趣联

关于钱塘江大潮，从古至今有很多文人墨客留下大量佳话，比如杜甫的"天地黯惨忽异色，波涛万顷堆琉璃"，李白的"浙江八月何如此，涛如连山喷雪来"，其中都不乏有趣的描写，下面这副对联就是其一：

海水朝朝朝朝朝朝朝落；浮云长长长长长长长消

上联乃 7 个"朝"字，下联则由 7 个"长"字组成。

此联有几种读法，一般读成三三四或四三三句式，如"海水朝 (cháo)，朝 (zhāo) 朝 (zhāo) 朝 (cháo)，朝 (zhāo) 朝 (cháo) 朝 (zhāo) 落；浮云长 (zhǎng)，长 (cháng) 长 (cháng) 长 (zhǎng)，长 (cháng) 长 (zhǎng) 长 (cháng) 消"或"海水朝 (zhāo) 朝 (cháo)，朝 (zhāo) 朝 (zhāo) 朝 (cháo)，朝 (zhāo) 朝 (zhāo) 落；浮云长 (cháng) 长 (zhǎng)，长 (cháng) 长 (cháng) 长 (zhǎng)，长 (cháng) 长 (cháng) 消。"

目标课文五：火烧云

多姿多彩的云朵

晴朗的天际，飘着许多云朵。每个孩子都曾有过要攀上云端，在云上玩耍的心思。云朵千姿百态，连颜色都不尽相同：风雨欲来前的云朵，像妖怪张开的黑洞洞的大嘴，黑压压一大片，压抑可怖；秋高气爽的傍晚的云朵，像熊熊燃烧的火焰山，辽阔无边的红色，舒适惬意；雨后天晴的云朵，白得就像玉兔身上的绒毛，一团团一簇簇，温馨可爱。为什么云朵可以出现这么多种颜色呢？

原来，云朵的颜色跟云朵的厚度有关。最厚的云层可厚达几十公里，最薄的云层则只有几米厚。当光线照射在云层上时，云层就会出现许多不同的明暗变化。而不同的颜色则是由于太阳光线照射云层的角度不同造成的。日出或日落时，太阳光线斜斜地射入云层中，太阳光需要穿透很厚的大气层才能到达地面。由于大气中漂浮的水蒸气、尘埃等将光线中的许多短波光线散射了出去，剩下长波段的光线继续射向大地，长波段的光线多呈现为红、橙等，所以这个时候我们看到的云朵是红色或者黄色

的。当暴风雨快要来临之前，云层里聚集了大量的水珠，云层十分厚重，光线很难都穿过去。而没有云朵的地方，光线依旧，这样就会形成对比，让人觉得云朵是黑漆漆的一片。有的云层十分稀薄，几乎看不出来有云朵，只有在靠近太阳或者月亮的周围，才能依稀分辨出一圈像大光环一样的云朵围着太阳或月亮。这种云有个好听的名字叫"薄幕卷层云"。

其实，云朵本身并没有颜色，我们看到的那些五彩缤纷的颜色，都是由云朵厚度和含水比例的不同而造成的。云层中的水受到气压或温度的变化的影响，可能会出现结晶的现象。结晶之后的水分子，就像一个个小三棱镜，折射出七种颜色的光芒，这就是我们常看到的彩虹或是光环。

知识卡片

小时候总是听大人说：朝霞不出门，晚霞行千里。每每看到有晚霞，便知道第二天一定是个艳阳高照的好天气。这里说的"晚霞"又称作火烧云。火烧云是说太阳快要下山时，天边的云朵像着火了一样，通红通红。火烧云一般出现在雨后或者是日落前后，形态瞬息万变，

这是由于地面温度或气压改变，地面的蒸发作用旺盛，使得大气的上升作用增大，形成了上升气流。上升气流作用在云层上，所以云朵形态的变化比平常的云朵更快一些。

拓展阅读

现代汉字简化之后，"云"字一般就只有这一种写法，还有一种是繁体字的"雲"。在古代，"云"和"雲"其实是两个不同的字。早在甲骨文的时代，就已经有"雲"字了。那时候的人们就已经认识到了，天空中的云朵其实是由飘浮在空中的水珠形成的，所以将"云"写作"雲"。而当时的"云"是"说，讲"的意思，我们现在常说的"古人云"便是从那时沿袭下来的。古人认为，人说话的时候，口中吐出的气就像天上的小云朵，所以写作"云"。那个时候，"雲"和"云"是两个截然不同的意思，有着明显的区别。只是到了现代，现代汉语中，才把"雲"简化成了"云"。

目标课文六：大自然的启示

西沙群岛上的"人造生物链"

我国自古幅员辽阔，在我国领土的最南端，有一个美丽的群岛，叫西沙群岛。西沙群岛是由许许多多小岛屿组成的，它们点缀在南海上，就像是一颗颗璀璨的珍珠。

西沙群岛上，常年驻守着我们的边防战士。岛上到处是茂密的热带雨林，很难找到多余的土地种植庄稼或者蔬菜，驻守在岛屿上的边防战士们的生活过得十分艰苦。为了改善生活，有些战

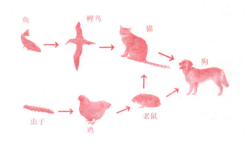

士托物资运输队送来了许多鸡。想不到，岛屿上的气候条件特别适宜鸡的生长，而且有很多小虫子可以供鸡觅食，所以鸡在岛上繁殖得很快。能不时地吃上新鲜鸡蛋、鸡肉了，战士们都很高兴。可是好景不长，很快，战士们发现，岛上老鼠成灾了。岛上原来是没有鸡的，所以老鼠们不知道原来鸡蛋的味道这么鲜美。自从战士们养了鸡以后，老鼠尝到了甜头，居然将窝都搬到了战士们的营地旁。老鼠很猖獗，白天一个小时就能咬死二三十只小鸡，如果是晚上，它们甚至敢直接进攻肥美的老母鸡。战士们想尽办法，都毫无作用，老鼠们依然肆虐，最后战士们只好作罢，再也不养鸡了。

没过多久，战士们想到了一个好方法，那就是养猫！战士们弄来了猫。果然，老鼠见了猫，立刻就变乖了。没过多久，西沙群岛上的老鼠就销声匿迹了。可安稳的日子没过多久，战士们又开始头疼了。猫刚来岛上的时候，食物丰富，有很多老鼠供它们觅食，所以繁殖得很快；可是老鼠减少之后，猫就没有足够的食物了。不久之后，它们竟开始打起了鸟的主意。岛上有很多珍贵的国家级重点保护鸟类，比如鲣鸟。猫的到来，让鲣鸟开始面临生存危机。因为岛上以前没有猫，鲣鸟们不懂得如何去躲避和防范猫的攻击，三两下就败在了猫爪之下，成为猫的盘中餐。

战士们没办法，只好又养起了狗，希望狗能管住这些日渐猖獗的

猫……渐渐岛上就开始形成了一条新型的食物链……

　　大自然就是这样，不管是人类还是动植物，在地球上生活繁衍，都遵循着同一项自然法则。我们所有生物，既相互依赖，又相互制约着。一旦其中某一个环节出现了问题，就会引来一连串的连锁反应。所以，我们一定要维护好生态平衡。

知识卡片

　　英国动物学家埃尔顿在 20 世纪初首次提出了"食物链"的说法。他发现，世界上所有生物都被同一个关系联系在一起，那就是"吃"与"被吃"的关系。比如一片草原，草原上的草被兔子吃掉，兔子又被狐狸或者老鹰吃掉，而老鹰则会被更加凶猛的动物吃掉。它们串联起来，就像是一条链子，一环扣一环。因此，人们把这种关系叫作"食物链"。

探究乐园

　　你知道站在地球上食物链最顶端的生物是什么吗？狮子、老虎、苍鹰，还是大鲨鱼？这些生物虽然都站在自己所属的食物链的顶端，但却不是真正的霸主，因为它们之上还有微生物。不要小瞧这些肉眼都看不到的微生物，它们可以把一头巨大的老虎渐渐腐蚀得一点都不剩！食物链是一个巨大的环状，它里面的成员有着千丝万缕、错综复杂的关系，所以没有哪一种生物是真正意义上的食物链"霸主"，包括人类。

第二章
动物植物

 主题引言

　　美丽的大自然因为有了丰富多彩的植物和各种各样的动物的点缀，才会变得如此生机勃勃。它们和人类一样，是大自然的主人，也是大自然中不可或缺的一部分。大自然中不光要有高山奇石、江河湖泊，还少不了各种生物的点缀。如果有一天，大自然中的生物消失殆尽，那是多么可怕的一件事！

　　世界上的动物植物千千万万，而人类所了解和探及到的，十分之一都不足。跟随我们的脚步，一起去探索万千世界中神奇的生物吧！

目标课文一：植物妈妈有办法

神奇的旅行

我是一颗蒲公英种子。我有很多兄弟姐妹，它们和我一样，一生从神奇的旅行开始。我的哥哥被一阵风带走，微风徐徐吹来，它头上丰腴的小伞便把它带到山谷的另一边去了；我姐姐的旅行则是通过一只小松鼠开始的，小松鼠经过妈妈身旁时，姐姐毫不犹豫地抓紧了小松鼠的尾巴，因为姐姐一直梦想着去南边的松树下安家；而我的旅行则没那么轻松，我随风飞扬过，随流水漂流过，最后到达了小溪的下游，在那里展开了我的新生活。

就像上面的故事讲的一样，不管种子以哪种方式旅行，都需要借助外力。而这些外力中，人类对于植物种子旅行的影响，是谁也比不上的。从古至今，人类都有意识或无意识地带着种子四处旅行。

以前美洲并没有车前草，当时车前草只生长于亚洲和欧洲。哥伦布发现美洲以后，美洲就开始有了车前草。当然，车前草不是哥伦布特意带过去的，它们是通过粘附在哥伦布和他的船员们的鞋底上，才实现了"远洋航行"，最终渡过大西洋，到达了美洲。如果车前草种子想要靠风或者鸟儿，那是不可能到达美洲大陆的。

人类不但可以把种子从一个洲带到另一个洲，还能将种子从平原带到高原上。唐朝时，文成公主远嫁松赞干布，就带了许多西藏没有的种子，让它们在高原上开花结果。

现在，人类对植物的影响越来越大，甚至能把种子带到太空中去。

☞ 知识卡片

大部分植物的种子分为胚、胚乳、种皮三个部分。胚就是种子最重要的部分，胚可以发育成植物的根、茎、叶。而胚乳则是为胚的发育提供营养的地方。胚和胚乳外面一般都有一层坚硬的种皮，这样能起到一个保护作用。拿我们常吃的大米来说，细心的人一定会发现，米总是不完整的椭圆形，米的一头常常会缺一个角，那个角就是原来胚的位置；而我们吃到的部分，其实都是水稻的胚乳；种皮则是在水稻变成米的过程中，被人为地剥去了，我们把水稻种子的壳叫作糠。种子离开母体后，仍然是活着的。有些种子甚至可以长达几千年，我国就曾发现过上千年的古莲种子。

☞ 拓展阅读

种子的传播方式大概可以分为以下几种：

1. 利用风力来传播：有些种子或果实会长毛，风一吹就会飘到较远的地方，例如蒲公英、黑板树等。

2. 利用动物来传播：若动物走在草丛中，就会有许多植物的种子或果实粘在它们身上，被带到远方，例如鬼针草、雀榕、车前草等。当然，还有一些种子和果实是通过动物吃东西的途径来传播的。

3. 利用弹力来传播：成熟的果实轻轻一碰，果实就会裂开，用果皮反卷的弹力将种子弹出，例如非洲凤仙、羊蹄甲、洋紫荆等。

4. 利用水力来传播：生长在水边的植物，通常会利用水力来传播种子，例如睡莲等。

 目标课文二：恐龙的灭绝

长羽毛的恐龙

恐龙诞生于距今约 2.3 亿年前，灭绝于 0.65 亿年前。和人类一样，它们是那个时代地球上的霸主。一说到恐龙，我们就会联想到凶猛、庞大、笨拙等形容词，但实际上，恐龙并不是我们印象中那样，其实它们也有很多种。

世界上迄今为止发现的最小的恐龙只有一米左右，还没有我们现在养的金毛犬那么大。这种恐龙叫热河龙，是素食动物。还有一种比热河龙更小的恐龙，叫小盗龙。小盗龙的脑袋只有 4 厘米长，嘴里的牙齿只有芝麻那么大，全身也只有 40 厘米长，是我们现在知道的最小的恐龙。

恐龙不但体型上有很大的差异，就连性格、饮食习惯和脾气都十分不同。恐龙里也有性格十分温顺的，这种恐龙像鸟一样浑

身长满了羽毛。中科院古脊椎动物研究员告诉我们，在辽宁省的早白垩纪热河群地层中，发现了许多1.2亿年前的带着羽毛的恐龙化石。这些带着羽毛的恐龙，很有可能和鸟类的祖先有密切的联系，也间接地支撑了"鸟类起源于带羽毛的恐龙"的假设。

　　第一块带羽毛的恐龙化石是于1995年在辽西地区发现的。这块化石上的恐龙和鸡的大小差不多，头很大，前肢短小，尾巴却非常长。在恐龙的背部，有一些毛状的皮肤衍生物。这种恐龙被叫作中华龙鸟，是世界上发现的第一种带有羽毛的恐龙。无独有偶，1999年，人们又发现一种叫北票龙的恐龙，这种恐龙不像常见的恐龙那样长出爬行动物的鳞片，而是身披着美丽的羽毛，就像今天的鸟类一样。

　　恐龙的身上长着羽毛，这可以说明鸟类和原始的恐龙之间，也许存在着一种过渡的物种。换句话说，这些带有羽毛的恐龙，很有可能就是鸟类真正的祖先。

👉 知识卡片

　　19世纪20年代以前，人们并不知道"恐龙"这种生物。最早发现恐龙的人是英国的一位乡村医生，他叫吉迪恩·曼特尔。吉迪恩工作之余，非常喜欢采集化石。1822年的一天，吉迪恩夫妇一起在路边的岩石堆里发现了一种非常大的动物牙齿化石。随后，他们在附近的一个采石场找到了更多这种相似的牙齿和相关骨骼的化石。当时，吉迪恩和他的妻子对这种拥有这么大骨骼和牙齿的动物化石很好奇，他们不知道这是什么动物的化石。直到1825年才看到威廉·巴克兰前一年发表的一篇论文，论文里对"巨齿龙"做了详细的描述。吉迪恩这才明白过来，他发现的是一种史前巨型爬行动物，他还给它们取了名字，叫"禽龙"。

 **探究乐园**

恐龙喜欢在什么样的地方生蛋？

由于恐龙并不是高等的哺乳动物，而是爬行动物，所以，和大部分爬行动物一样，恐龙不是胎生，而是卵生。那么，恐龙一般都把自己的蛋生在什么地方呢？经过科学家的研究发现，恐龙喜欢把蛋生在阳光充足、有水、地势比较高的地方。因为这些地方气候温暖湿润、有足够的阳光，可以帮助恐龙妈妈孵化恐龙蛋。

 **目标课文三：花钟**

精准的花钟

古希腊人认为，植物也存在着灵魂，因为植物能跟随太阳的变化做出相应的活动。他们认为植物每一次花开花谢、叶舒叶卷都是有精确的时间规律的。

植物不像动物一样可以自由自在地活动，植物从扎根到最后死亡，都只能在同一个地方；但是它们既然能在这个地球上存在上亿年，那就一定有某种特殊的生存之道。植物和动物一样，有自己的生物钟。不同的时间，植物会做出不同的反应，什么时候开花，什么时候释放花香，什么时候凋谢，什么时候分泌汁液，都有一定的定数和规律。有一种太阳花，能跟随时间的变化，转动它的花盘。如果你知道这些植物的生物钟，那么，即使没有戴手表，只要看看植物，就知道现在几点了。

在昆明的世博园里，有一个大花钟，这个花钟里面被分为不同的十二个区域，每到固定的时间，就会有相应时区的花朵绽放，起到报时的作用。这是因为人们已经掌握了这些花朵的开花、闭花的规律。比如蒲公英通

常在早上五点钟就开花了，由于蒲公英"早起"，人们叫蒲公英为"牧人钟"；伯利恒之星是在中午十一点时开花，所以大家亲切地叫它"十一点公主"。而草地婆罗门参一般会在中午十二点闭合，大约是因为起得太早了，所以草地婆罗门参需要午睡，被人们称作"约翰午睡之花"。有些花则是在晚上绽放，比如亚马孙王莲是在傍晚时分盛开，而月亮花则要等到晚上十点才开始绽放。如果你想看昙花的话，那就只能等到晚上九点了。而且昙花只会绽放十几分钟，它号称世界上最美的花，却甚少为人所见。

如果你累了，可以放下手里的工作，去大自然看看植物们的花开花谢，听听花儿们的窃窃私语，这样，一定会让你的心灵也跟着灿烂起来的。

 素材宝库

花儿·诗歌积累

● 绿竹含新粉，红莲落故衣。　　　　　　　　—— 王维《山居即事》

● 当轩对尊酒，四面芙蓉开。　　　　　　　　—— 王维《临湖亭》

有趣的语文故事

● 竹色溪下绿，荷花镜里香。　　　　　——李白《别储邕至剡中》
● 圆荷浮小叶，细麦落轻花。　　　　　——杜甫《为农》
● 沙上草阁柳新暗，城边野池莲欲红。　——杜甫《暮春》
● 浓绿万枝红一点，动人春色不须多。　——王安石《咏石榴花》
● 四月南风大麦黄，枣花未落桐荫长。　——李颀《送陈章甫》
● 不是花中偏爱菊，此花开尽更无花。　——元稹《菊花》

拓展阅读

　　18 世纪，英国著名的植物学家林奈对植物的开花时间做了很多观察和研究，然后在自己的花园里培植了一座有趣的"花钟"，下面就让我们一起去看一看吧！

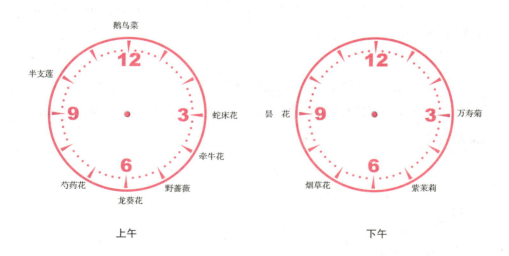

上午　　　　　　　　　　　　　　　　下午

识别人脸本领强

　　科学家早就发现，蜜蜂的集体智慧已经发展到一个非常高的阶段，在某些方面甚至已经超过了人类。人们都知道，蜜蜂可以感知离自己数百公里外的花粉的信息，但是它们会识别人脸吗？根据科学家最新的一项研究，蜜蜂不仅能分辨不同的人脸，甚至能记住人脸。

　　科学家做了一个有趣的实验，在不同的木板上钉上几张不同的大头照，再在其中的一张大头照上涂上蔗糖溶液作为诱饵，引诱蜜蜂靠近目标大头照。其间他们还调换了大头照的位置，加深蜜蜂对目标大头照的记忆。通过一段时间的实验之后，科学家不再在目标大头照上涂抹蔗糖溶液了。科学家惊奇地发现，蜜蜂还是能找出目标大头照，而且准确率高达90%以上。以前，科学家认为，只有高等的哺乳动物才具有记忆面孔的能力，而记忆面孔的能力则是一个复杂的脑区域专有的功能。但这个实验说明，即使是简单的大脑也可能记住面孔。

　　从这个实验可以看出，蜜蜂可能比我们想象中要聪明得多。动物行为研究专家詹姆斯·古尔德对蜜蜂如何识别花朵进行了广泛研究。他认为，人类能够辨识不同面孔，是因为经过了特殊的进化。而蜜蜂则是另外一个模式，"对蜜蜂来说，人脸可能就是一朵长相十分古怪的花"。

蜜蜂对于人类来说是非常重要的伙伴和邻居。爱因斯坦曾经预言，如果有一天地球上的所有蜜蜂都消失了，那么人类将活不过四年。因为在地球上大约有三分之一的农作物都是依靠动物，譬如蜜蜂、蝴蝶来传递花粉的。如果没有了蜜蜂，很多植物就不能授粉，不能授粉就不能结出果实和种子来繁衍后代，植物也就会一步一步走向灭亡。没有植物之后，动物很快就会绝迹。慢慢地，人类也将不复存在。其实何止是蜜蜂，任何一种植物、动物对于整个地球上的生态平衡都有着举足轻重的作用。如果有一天，某种植物或者动物绝迹了，那么依靠这种植物或是动物赖以生存的动植物也会很快随之灭亡，如此循环蔓延下去，早晚要轮到人类自己。所以，爱护动植物，应该是全人类的共识。

👉 **知识卡片**

蜜蜂是一种属膜翅目蜜蜂科的昆虫，群居，有严格的分工和等级制度。蜜蜂分为工蜂、雄蜂、蜂王。其中，工蜂是最勤劳的。工蜂其实本来和蜂王一样，都是雌蜂。但是，由于工蜂只能吃到几天的蜂王浆，之后就一直靠采食花粉为生，因此雌性生殖器官不能发育成熟，就成为工蜂。一个蜂巢内只允许一只蜂王的存在。蜂王从来不会出去采蜜，它只需要在蜂巢里和不同的雄蜂交配，然后产卵，繁殖后代就可以了。

👉 **拓展阅读**

有科学家预言，如果蜜蜂这样的群居低等动物数量到达一定的规模时，它们的群体智慧将会超越人类，甚至达到人类不可企及的高度。这个道理很简单，单一个体做出的决策往往不精准，多数决策的准确性则会因为数量的不断增加而不断地趋近于正确。假设有一天，世界上出现了非常非常多的蜜蜂，它们刚好又很团结，那么它们的智慧将远比人类臆想中的神更高超。不过，这仅仅只能是一种猜想，因为蜜蜂的物种特性决定了当某一个蜂巢的蜜蜂多出一定数量时，蜂巢里就会产生两个蜂王，其中一个蜂王就会带着一部分蜜蜂脱离出去，所以永远不可能有一个蜂巢会出现非常多数量的蜜蜂。

目标课文五：喜爱音乐的白鲸

古籍中的"鲸"

《汉书·五行志》记载着公元前16年关于鲸的一些事情，这是我国最早的关于鲸的文字记载。书中说，成帝永始元年春天的时候，在北海出现了四条非常大的鱼，长六丈，高一丈。六丈就是十八米，差不多有两间教室那么长。

古代的航海技术并不发达，人们对海洋里的生物知之甚少。所以在古书中关于鲸的记载并不多。在《宋史·五行志》中关于鲸的记载有：绍兴十八年，在崇明的盐场发现一条鲸，有好几丈高。人们把鲸肉割开，竟然装了几百辆车才装完。

绍兴二十年的时候，浙江海盐的渔民在傍晚听到海上传来了奇怪的声音，远远听去竟像是有人在唱歌。渔民们以为是海上的龙王要来了，

纷纷登高往海上望去，却发现原来是一条"大船"。"大船"行驶得非常快，像箭一样，一下就冲到了岸边。这时候，人们才看清楚，这是一条大鱼，有十几丈长，好几丈高。大鱼在沙滩上垂死挣扎了几下，就安静下来了。过了两天，渔民们以为鱼已经死了，就拿梯子来，想爬上鱼背，想不到鱼竟然没有死，翻了个身，压死了十几个人。最后大鱼还是死了，人们就爬上鱼背，在鱼的头上看见一个一尺宽的洞，当时的人们并不知道这是鲸的鼻孔。人们把鱼肉割了，分与众人。但是有人认为，这是天上的神龙下凡，所以不敢吃。直到有个天不怕地不怕的无赖把鱼肉煮熟吃了，还对鱼肉的鲜美赞不绝口，人们看见无赖吃了鱼肉没什么事，就都放心地食用了。有些渔民把鱼肉拿去卖，想不到每斤的价格竟然值一斗米。海盐知县听说了鱼的事，就派人去把鱼的眼睛挖出来。人们发现鱼的眼珠竟然像桃子那么大，而且光彩照人。不过几天之后，鱼眼睛中的水分就蒸发干了，失去了原来的光彩，被人丢弃了。

随着时间的推移，人们对鲸的了解越来越多了。在清朝还有一个很传奇的故事。说在福建湄洲岛，每年的三月就会有很多鲸游到海滩上来，人们用巨大的木头将鲸的嘴撑开，然后穿上防滑的草鞋，挑着担子，点着蜡烛，走到鲸的肚子里。鲸的肚子里有很多的油，人们可以任意地割下来，一次可以取出好几十担。取完油之后，人们并不会杀掉鲸，而是把木头取下来，然后等到涨潮的时候，海水又会将鲸带回海里。鲸也就能重新在大海中畅游了。

 **知识卡片**

　　鲸虽然有个鱼字旁，而且"鲸"字后总是跟着"鱼"字，但鲸并不是鱼类。鲸是哺乳类动物，也是世界上最大的哺乳动物，它和鱼类有许多不同之处。鲸靠肺呼吸，鱼类靠鳃呼吸。鲸的肺吸满一次氧气，可以供鲸在水下几个小时甚至几天使用。鱼是左右摆动，让身体保持平衡并向前游动；而鲸则是上下摆动，让身体畅游在大海之中。鲸原本生活在陆地上，但由于环境改变，鲸就只能在浅海生活了，渐渐地，鲸变成了既能在陆地上又能在水里生活的物种。又经过很多年，鲸的前肢和尾巴开始变成了鳍，而后肢则完全消失，身子变得像鱼一样。这时候，鲸已经变成完全不能适应陆地生活的哺乳动物了。

探究乐园

　　龙涎香是香料中的珍品，能持续散发香味。这样珍贵的龙涎香来自哪里呢？它正是来自于海洋里的巨兽鲸鱼中的一种——抹香鲸。和它的名字不同的是，抹香鲸喜欢吃臭臭的东西。抹香鲸非常喜欢吃乌贼。当抹香鲸吃下乌贼后，由于抹香鲸消化不了乌贼的鹦嘴，抹香鲸的大肠末端和直肠末端就会受到刺激，分泌出一种微黑色的分泌物。这种分泌物在小肠里形成黏稠的深色物质，一般在一百到一千克之间，这种物质就是龙涎香。龙涎香非常珍贵，价值和黄金差不多相等。以前的人们不知道龙涎香的由来，于是传说这种香是龙在睡觉时流出的口水，滴在了海上，所以人们称这种香为"龙涎香"。这个名字也一直沿用到了今天。

 目标课文六：草虫的村落

武则天与虫草

《本草纲目》中记载了虫草的功效："功与人参同，宜老人。"可见虫草是名贵的中药，和人参一样具有延年益寿的功效。

相传中国历史上的第一个女皇帝武则天，晚年时体弱多病，一到了季节交替的时候就咳嗽不止。尤其是在冬天，根本就不敢走出寝宫，一旦见风，就咳嗽得更加厉害。太医院的所有太医绞尽脑汁，也医不好武则天的病，什么名贵的药物都搜罗来给武则天治病，亦丝毫不见起色。

御膳房里有个康师傅，跟在武则天身边很多年了，受过武则天很多恩惠，眼看武则天一天天病下去，心中十分焦急。他记得以前在乡

下时，老人们用虫草炖鸡滋补身体，十分有效。但是他知道很多补药都是发物，所以用寒性的鸭子代替了鸡。康师傅炖好了虫草鸭子汤之后，端去给武则天服用。武则天看到汤里黑乎乎的像虫又不是虫的东西，很害怕，认为一定是康师傅想害自

己，于是就把康师傅打入了大牢。

康师傅的同乡李师傅知道这件事后，十分替康师傅着急。可是他只是一位厨师，凭他的能力根本就无法救出康师傅，他知道只有用虫草鸭子汤治好武则天的病，才有机会救出康师傅。苦思冥想之后，他终于想到了一个妙方，那就是把虫草从鸭子的嘴里灌进鸭肚子里，然后炖汤给女皇帝喝。武则天第一天喝了，觉得很好喝，于是李师傅就照着头天的方法一直炖这道汤给武则天喝。想不到没过多久，武则天的病竟然好了。

有一天，在吃饭的时候，武则天又在喝这道汤，她高兴地对李师傅说："我的病好了，全靠这个汤，我要重重地赏赐你。"李师傅一听，"扑通"一声跪在地上说："皇上，这不是我的功劳啊，是康师傅的功劳！"然后，李师傅把事情的来龙去脉讲给了武则天听。武则天听后很后悔，当即就把康师傅放了出来，还重赏了康师傅。

从此，这道虫草老鸭汤就成为一道治病的名菜，并传到了民间，一千多年来一直备受人们的喜爱。

 知识卡片

虫草又叫冬虫夏草，主要分布在我国青海、四川、云南等海拔4000米以上的地区。冬虫夏草味甘、性温、气香，最适宜用来滋肺补肾、治咳嗽、抗衰老等，是名贵的中药，价格昂贵。冬虫夏草既是药物又是食物，是滋补保健的珍品。

👉 探究乐园

　　冬虫夏草到底是虫还是草呢？冬虫夏草就像它的名字描述的一样，冬天是虫，到了夏天又变成了草。其实冬虫夏草既不是虫也不是草，而是一种真菌，属于麦角菌科真菌。夏季，虫子卵产于地面，经过一个月左右的孵化，变成幼虫后钻入潮湿松软的土层。土里的一种霉菌侵袭了幼虫，在幼虫体内生长。经过一个冬天，到第二年春天来临时，霉菌菌丝开始生长，到夏天时长出地面，外观像一棵小草，这样，幼虫的躯壳与霉菌菌丝共同组成了一棵完整的"冬虫夏草"。

第三章
成长点滴

 主题引言

　　成长，是大自然中最寻常的现象，一粒种子可以长成参天大树；成长，也是人生必经的过程，一个刚刚呱呱坠地的婴孩会长成肩负重任的大人。

　　成长是一个过程，是一个自我完善、自我认识的过程，是一个逐步走向成熟的过程。在这个过程中，我们会经历很多，既会拥有阳光雨露的呵护，也会遭遇风霜雨雪的打击。那些幸福美好的生活，让我们品尝甜蜜，懂得了珍惜；而那些苦难艰辛的处境，则会使我们志向高远，实现自我的超越。成长过程中的种种经历和体验，让我们逐渐摆脱了蒙昧、自私、幼稚，同时也留下了很多富有趣味的故事。下面，就让我们一起去看看那些有趣的故事吧！

目标课文一：一次比一次有进步

每天进步一点点

2010 年的世界脑力锦标赛开赛了，赛场上无数来自世界各地的记忆力高手都在一丝不苟地专注着试题，希望自己能从这场比赛中脱颖而出。在众多高手中，王峰还只能算是一个新手，他学习记忆法的时间只有一年零九个月。

12 月 2 日这天，比赛结束了，王峰却出人意料地获得了世界冠军，打破了五项世界纪录，以总分 9486 的成绩在高手云集的世界脑力锦标赛中脱颖而出，一举登上了世界记忆之王的宝座。

大家都很好奇，这位世界记忆之王是如何在短短的 100 秒钟内记住了 100 个杂乱无章的数字，又是如何在两分钟之内记住了一副扑克牌。他是不是天生就有异于常人的记忆力呢？事后采访，王峰才告诉了记者，其实他以前的记忆力很一般，和一个普通人的记忆力水平差不多，并没有什么天赋。他说，从最开始学习记忆法，做记忆法训练，他就给自己定下了一个坚定的目标，然后坚决完成。他并没有像别人那样操之过急，而是告诉自己，每天进步一点点。当目标完成时，他又给自己制订一个新目标，直到他的目标变成"夺取世界记忆之王的宝座"。

其实记忆法训练，是十分艰苦和枯燥的，很多当初和他

一起加入记忆法训练的人都因为承受不住枯燥和艰苦的训练，而慢慢地退出了。刚开始学习记忆法时，王峰整个暑假都没有回家，而是待在了有"火炉"之称的武汉，为当年的脑力锦标赛做艰苦的集训准备。王峰进步神速，不满一个月就达到了记忆大师的三项标准之一——两分钟内记忆一副无规律的扑克牌。

随后，在当年的英国伦敦第18届世界脑力锦标赛上，王峰技惊四座。初次参赛的他就以一小时正确记忆1984个数字打破世界纪录、获得银牌，以31.02秒钟记忆一副扑克牌的成绩打败该项纪录保持者——英国人"老本"，同时在一小时内正确记忆620张扑克牌，获得"世界记忆大师"称号，以十项总分6480分的好成绩位居世界第五，历史排名第九。

这对于一个记忆力新手来说，已经是一个可望而不可即的高度了，但王峰并没有放弃继续努力。回来之后，他和老师袁文魁立刻投入到新赛事的备战当中。他们在武汉城中村租了一个非常便宜的房子，房子只有十几平方米，屋子里仅仅摆放了两张床和一张桌子。他们每天过着像苦行僧一样的生活，每天要求自己比昨天进步一点，一步一步地迈向了世界冠军的宝座。

 **知识卡片**

有着"世界记忆之父"的托尼•博赞在1991年发起了世界最高级别的记忆力赛事，这项赛事叫作"世界脑力锦标赛"。世界脑力锦标赛是一个非官方性质的比赛，每年一次，由世界脑力运动委员会组织。世界脑力锦标赛尽管是一场非官方举办的赛事，但是仍然被视为最有权威的记忆力比赛，被人们称为"脑力奥林匹克运动会"。

拓展阅读

　　每个人都希望自己能拥有超凡的记忆力，让自己在学习、工作中更加事半功倍、得心应手。那么怎样才能更好地提高自己的记忆力呢？第19届世界脑力锦标赛冠军、"世界记忆大师"王峰告诉大家，其实记忆力并不是死记硬背，记忆任何信息，都可以有技巧，如把需要记忆的信息转化成图像。就像一副扑克牌，王峰把"黑桃3""梅花2"转化成"13""32"两个数字，然后把"13"谐音成"医生"，"32"谐音成"扇儿"，这样他就把这两张前后顺序的扑克牌转化成了一个故事，"一个穿着白衣服的医生拿着一把扇儿坐在草地上"。以此类推，在记忆更多张扑克牌的时候，他就把这个故事继续"编"下去，直到把所有的扑克牌全部记住。

目标课文二：我不能失信

国之瑰宝——宋庆龄

　　新西兰作家路易·艾黎曾这样赞美过宋庆龄："在她那秀丽文雅的外表下，包容着一颗钢铁般坚强的心。"他还用精致典雅的青花白地瓷来形容宋庆龄，"铮铮鸣劲骨，落落绘灵姿"。

　　宋庆龄从小生活在一个温馨和谐的家庭，7岁时入上海中西女塾读书。1907年，她携妹妹美龄赴美留学，开始接受系统的"欧洲式的教育"，受到民主主义的洗礼。辛亥革命推翻了清朝专制统治，使她对祖国的独立、自由、民主和富强满怀憧憬。父亲不断寄来的书信与剪报资料，在她的心中与孙中山领导的革命事业架起了桥梁。然而，共和国在摇篮中被扼杀，革命的大潮已经消退，宋庆龄学成归国改革和建设祖国的抱负无法实现。她径直到流亡的革命党人集中的东京，不久即担任了孙中山的助手，开始了她长达70年的革命生涯。

23岁那年，宋庆龄被父亲软禁，她竟从屋子里爬窗出逃，不顾父母的反对，毅然奔赴东京与流亡中的孙中山结婚，以坚定的步伐毫不犹豫地跟随孙中山踏上捍卫共和制度的艰苦斗争历程。

1925年3月12日，孙中山在北京逝世。宋庆龄继承其"和平、奋斗、救中国"的革命遗志。作为国民党左派的代表人物，她一直与共产党人保持密切的合作，为民主革命的胜利立下了不朽功勋。新中国成立前夕，毛泽东曾专程拜谢宋庆龄："我无法告诉您，这一切对我们的帮助有多大。"周恩来也称她为"国之瑰宝"。

新中国成立后，宋庆龄把更多精力投入到妇女与儿童的福利事业当中。担任中国福利会主席期间，她将自己从苏联获得的十万卢布奖金全部捐献出来，在上海衡山路建立中国福利会国际和平妇幼保健院，如今已成为世界一流的妇产医院。

1981年5月29日，宋庆龄因病在北京逝世，享年88岁，后被安葬在上海的宋氏陵园。生前曾有人问她为何要与父母合葬在一起，而不与丈夫孙中山合葬？她回答说："孙中山安葬在南京中山陵。他是伟大的革命家，要接受人民的瞻仰，我不应去沾他的光。"

 **素材宝库**

守信·名人名言

- 守信用胜过有名气。　　　　　　　　——（美）罗斯福
- 坦白是诚实和勇敢的产物。　　　　　——（美）马克·吐温
- 不要说谎，不要害怕真理。　　　　——（俄）列夫·托尔斯泰
- 失掉信用的人，在这个世界上已经死了。　　——（英）哈伯特
- 一个人严守诺言，比守卫他的财产更重要。　——（法）莫里哀
- 诚实比一切智谋更好，而且它是智谋的基本条件。——（德）康德
- 闪光的东西，并不都是金子；动听的语言，并不都是好话。

　　　　　　　　　　　　　　　　　　　——（英）莎士比亚

- 走正直诚实的生活道路，必定会有一个问心无愧的归宿。

　　　　　　　　　　　　　　　　　　　——（苏联）高尔基

拓展阅读

　　众所周知，宋庆龄一生酷爱读书。这从她的故居当中，就能轻易发现。但宋庆龄还有另一个爱好，那就是烹饪，宋庆龄的妈妈（倪桂珍）把做美国饭的窍门和乐趣都传给了她。在漫长而卓越的一生中，宋庆龄时常会系上围裙，照着国外朋友寄来的新食谱试制一些菜肴；在北京时，她会问来访的外国朋友喜欢吃什么，然后出人预料地自己下厨去做些"家常菜"来款待他们。在她北京故居的书架上，至今仍然放着《纽约时报》出版的百科全书式的食谱，以及其他各种风味的食谱，甚至有犹太食谱和在美国被称作"宾夕法尼亚州荷兰菜"的食谱。

目标课文三：和时间赛跑

与时间赛跑的人

美国有一个"与时间赛跑的人"，他一生疾病缠身，多次被医生断言命不久矣，但他仍然顽强地活了下去，甚至还创造出惊人的成绩。从平民百姓起步，到工人、军人、作家，再到议员。43岁那年，他成为美国历史上最年轻的总统，他就是约翰逊·肯尼迪。

3岁时，肯尼迪得了严重的猩红热，在医院一躺就是数月，后来靠一剂强心针，才勉强摆脱了死神的纠缠。18岁时，他又染上了一种怪病。在写给朋友的信中，身心俱疲的他流露出了绝望："也许，明天你就得参加我的葬礼了！"26岁时，他通过隐瞒病史参加了海军。在与日本人的一场海战中，他所在的军舰不幸被击沉。他捡回了一条命，却落下了更严重的后遗症。30岁时，他去英国出差，突发虚脱昏倒在一家旅馆里。当时，英国最高明的医生断言他"最多只能活1年"。37岁时，他身上多种病症并发，长时间卧床不起。

很少有人知道在公众场合精力充沛、风流倜傥的肯尼迪，是个药罐子。但事实的确如此，在他各个发病期的主治医生都见证了这一点。同时，他们也见证了肯尼迪的勤奋：40岁那年，他在病床上创作的描写第二次世界大战的专著《肯尼迪：信仰在风中飘扬》，荣获了当年的普利策传记奖。当了总统之后，有时病得无法办公，他也会躺在疗养室的温水池里批阅文件、下指示……死亡的威胁让他明白了时光的宝贵。因此，在他有限的 46 年生命中，他废寝忘食、快马加鞭，成为美国历史上最有影响力的总统之一，这不能不说是一个奇迹。

我们都知道，一个病人要想取得成功，那会比健康的人更加艰难。因为他除了面对困难之外，还需要和病魔做抗争，这将消耗掉他大量的时间和精力。但是肯尼迪却不这样认为，他认为病魔只会让他更加明白生命存在的意义和时间的珍贵。我们要庆幸自己拥有健康的身体，让我们有更多的时间去做自己想做的事情，去创造自己的美丽人生。

 素材宝库

惜时·名人名言

- ●完成工作的方法是爱惜每一分钟。 ——（英）达尔文
- ●合理安排时间，就等于节约时间。 ——（英）培根
- ●成功＝艰苦劳动＋正确的方法＋少说空话。——（美）爱因斯坦
- ●放弃时间的人，时间也放弃他。 ——（英）莎士比亚
- ●没有方法能使时间为我敲已过去了的钟点。 ——（英）拜伦
- ●人的全部本领无非是耐心和时间的混合物。——（法）巴尔扎克

人物简介

约翰逊·肯尼迪（1917—1963），美国第 35 任总统，美国最具影响力的总统之一，也是美国历史上最年轻的总统。肯尼迪从工人、军人、

作家，再到政府议员，一步一步从一个平民百姓登上了美国总统的宝座。在美国的历届总统中，肯尼迪是受到民众评价最高的总统。

目标课文四：可贵的沉默

毛泽东的母亲

　　1893 年，毛泽东出生于湖南湘潭的一个农民家庭中。毛泽东的母亲姓文，在家中排行老七，所以被叫作文七妹。文七妹 18 岁时嫁给毛泽东的父亲毛贻昌。毛贻昌对孩子一向严厉，是一位名副其实的严父。而文七妹则是一名心地善良、待人宽厚、勤俭持家的慈母，深得几位子女的爱戴。

　　文七妹虽然没读过书，但她受中国传统文化影响极深，是一位坚忍、善良和富有同情心的传统农村妇女。在那些多灾多难的年代，时常有许多灾民到乡里来乞讨。看着并不富裕的家境，毛贻昌不允许文七妹再去救济灾民。但善良的文七妹依然经常偷偷地拿家里剩下的粮食分给路过的灾民。尽管家中因此争吵不断，但文七妹还是一如既往地接济贫困乡亲。

　　毛泽东小时候去私塾读书，平时毛泽东都会回家吃午饭，可突然有一天，毛泽东提出要带午饭在私塾里吃。文七妹以为毛泽东是为了利用时间多读书，就同意了。后来她却发现，虽然毛泽东带的午餐一次比一次量多，但放学之后还是显得很饥饿。她担心毛泽东是不是得了什么怪病，细细盘问之后才知道，原来毛泽东把中午带的饭分给了

私塾里家里比较穷的同学吃。毛泽东原以为母亲知道这件事后，一定会责骂自己，想不到母亲不但没有责骂他，反而感到十分欣慰，还表扬了他。

后来，文七妹被一场小病夺走了生命，毛泽东伤心不已，在母亲的坟前写下了感人肺腑的《祭母文》："吾母高风，首推博爱。远近亲疏，一皆覆载"，"病时揽手，酸心结肠。但呼儿辈，各务为良"，"养育深恩，春晖朝霭。报之何时，精禽大海"，"呜呼吾母，母终未死。躯壳虽隳，灵则万古。有生一日，皆报恩时。有生一日，皆伴亲时"……

从《祭母文》中可以看出毛泽东对母亲的爱戴和眷恋。其实，正是文七妹这种淳朴善良、勤俭节约的高尚品性，深深地影响了毛泽东，让毛泽东有了后来的成就，成为我国伟大的革命家、战略家、理论家和诗人。

 素材宝库

母爱·名人名言

●母爱是一种巨大的火焰。　　　　　　　　——（法）罗曼·罗兰

●世界上有一种最美丽的声音，那便是母亲的呼唤。——（意）但丁

●慈母的胳膊是慈爱构成的，孩子睡在里面怎能不甜？

　　　　　　　　　　　　　　　　　　　　　　　——（法）雨果

●我的第一个启蒙老师是我的母亲。　　　　　　　　——茅盾

●我之所有，我之所能，都归功于我天使般的母亲。——（美）林肯

● 全世界的母亲多么的相像！他们的心始终一样。每一个母亲都有一颗极为纯真的赤子之心。 ——（美）惠特曼

● 世界上的一切光荣和骄傲，都来自母亲。 ——（苏联）高尔基

● 在孩子们的口头心里，母亲就是上帝的名字。——（英）萨克雷

拓展阅读

毛泽东《祭母文》

呜呼吾母，遽然而死。寿五十三，生有七子。七子余三，即东民覃。
其他不育，二女三男。育吾兄弟，艰辛备历。摧折作磨，因此遘疾。
中间万万，皆伤心史。不忍卒书，待徐温吐。今则欲言，只有两端。
一则盛德，一则恨偏。吾母高风，首推博爱。远近亲疏，一皆覆载。
恺恻慈祥，感动庶汇。爱力所及，原本真诚。不作诳言，不存欺心。
整饬成性，一丝不诡。手泽所经，皆有条理。头脑精密，劈理分情。
事无遗算，物无遁形。洁净之风，传遍戚里。不染一尘，身心表里。
五德荦荦，乃其大端。合其人格，如在上焉。恨偏所在，三纲之末。
有志未伸，有求不获。精神痛苦，以此为卓。天乎人欤？倾地一角。
次则儿辈，育之成行。如果未熟，介在青黄。病时揽手，酸心结肠。
但呼儿辈，各务为良。又次所怀，好亲至爱。或属素恩，或多劳瘁。
大小亲疏，均待报赉。总兹所述，盛德所辉。以秉恫忱，则效不违。
致于所恨，必补遗缺。念兹在兹，此心不越。养育深恩，春晖朝霭。
报之何时？精禽大海。呜呼吾母，母终未死。躯壳虽隳，灵则万古。
有生一日，皆报恩时。有生一日，皆伴亲时。今也言长，时则苦短。
惟挈大端，置其粗浅。此时家奠，尽此一觞。后有言陈，与日俱长。
尚飨！

目标课文五：中彩那天

在冠军与诚实中选择

美国第四届全国拼字大赛紧锣密鼓地展开了，来自全美各州的孩子们齐聚一堂，都希望自己在比赛中夺得桂冠。来自南卡罗来纳州的小女孩罗莎莉·艾略特一路过关斩将，进入了决赛，再有一轮，她就可以夺得冠军了。

她怀着忐忑的心情，进入了最后一道题的比赛。只要这道题答对了，她就有机会获得本次拼字大赛的冠军。考官问道："罗莎莉，请你回答一下'avowal（招认）'这个单词怎么拼好吗？"

"E-V-O-W-A-L。"罗莎莉用轻柔的南方口音柔软地拼出了这个单词。

但是罗莎莉的南方口音却给裁判带来了困扰，他们很难分辨出罗莎莉说的第一个字母是"A"还是"E"。经过反复重播录音和几分钟的商讨，裁判们还是不能确定她到底发的是"A"还是"E"。最后主裁判员认为，解铃还须系铃人，直接问罗莎莉答案。

其实罗莎莉听了周围的讨论，已经知道 avowal 这个单词的第一个字母是"A"，但是当主裁判员问她刚刚回答的是哪个字母时，她还是义无反顾地说："我回答的是'E'。"主裁判很惊讶，问罗莎莉："你其实已经知道正确答案是'A'了，你完全可以回答说是'A'，这样你就可以获得冠军啊。"

　　想不到罗莎莉却说："我说是'A'，那不就是骗人吗？我想做个诚实的孩子。"这时台下响起了一阵热烈的掌声，罗莎莉虽然没有获得冠军，但是她诚实的品格获得了台下所有观众发自内心地佩服和尊敬。

👉 素材宝库

诚实·名人名言

- 民无信不立。　　　　　　　　　　　　　　　——孔子
- 人类最不道德处，是不诚实与怯懦。　　——（苏联）高尔基
- 没有诚实何来尊严。　　　　　　　　　——（古罗马）西塞罗
- 当信用消失的时候，肉体就没有生命。　　——（法）大仲马
- 真话说一半常是弥天大谎。　　　　　　　——（美）富兰克林
- 真诚是一种心灵的开放。　　　　　　——（法）拉罗什富科
- 如果要别人诚信，首先自己要诚信。　　——（英）莎士比亚
- 诚实是人生的命脉，是一切价值的根基。　——（美）德莱赛

👉 拓展阅读

　　在北宋的时候，有个著名的词人叫晏殊。晏殊小小年纪就已经闻名乡里了，14岁时，就有人把他举荐给皇帝。皇帝召见他，还破格让他和一千多名进士一同参加选拔考试。结果走进考场，14岁的晏殊发现自己的试题正是前几天有人给他练习过的试题，晏殊当即就求见皇

帝，告诉皇帝，自己前几天练习过这些试题了，请求皇帝另外拿一些题目来给他作答。皇帝十分赞赏他，说他品行端正，诚实可信，当即授予他等同于进士出身的殊荣。

后来晏殊做了官，京城里的达官贵人们闲来无事喜欢举行各种宴会或者相约几人到郊外游玩，但是晏殊清廉，没有什么钱，就只好在家闭门读书。有一天，皇帝想破格提升晏殊做太子太傅，对晏殊说："晏殊啊，我准备升你做太子的老师啊，因为别人平时下班之后就只是喝酒游玩，只有你闭门在家专心于学问。"结果晏殊竟然答道："皇上啊，你哪里知道，我那是没钱，我要是有钱，我也出去玩儿啊。"这两件事之后，皇帝认为晏殊是一个诚信的人，因此对他大为重用。

目标课文六：地震中的父与子

大地震中的生命奇迹

科学家说，人在没有食物、没有水的情况下，最多能支撑 3 天，生命就将结束。那么，一个人如果在没有食物、没有水、没有活动空间而且还身负重伤的情况下，能活多久呢？答案是 27 天。在 2005 年，20 岁的哈立德·侯赛因，用亲身经历告诉了人们这个答案。

2005 年，巴基斯坦北部发生了里氏 7.8 级地震。当时哈立德正在马棚里喂马，地震突然来临，山上的岩石如雨点般滚落到山脚下，哈立德所在的村庄，一大半人当场被砸死，整个村庄顷刻之间遭遇了灭顶之灾。哈立德的父亲因为外出，所以幸免于难，他用了十二天在废墟中挖掘自己的亲人，三个儿子都相继被他救出，只有哈立德没有找到。在埋葬了其他的亲人之后，他仍然不相信自己的儿子就这样被埋在了废墟中。地震过去了27天，清理工作依然在继续中，突然哈立德的哥哥对着父亲大喊：

"父亲，我看见了一只手，应该是哈立德的！"喊完之后，他突然意识到什么，低落地对父亲说："不，哈立德已经死了！"但是父亲并不相信这些，他要亲眼看看自己的儿子哈立德。父亲开始徒手挖起了废墟，尽管双手已经血肉模糊了，但他仍然没有停下来。哈立德的哥哥心中也骤然升起一丝希望，他盼望自己的弟弟尚在人间。父子俩疯狂地搬着废墟里的石头和土块，直到最后一块石头被搬开，父亲看见了奇迹的发生，自己的儿子哈立德被埋在废墟中27天，竟然还活着！

原来地震的时候，一块木梁护住了哈立德的头，这块木梁让哈立德活了下来。虽然哈立德身上多处骨折，但是两只胳膊之间还有一点点空间可以活动。哈立德在失去知觉之前，费力地将手伸到了外面。他知道，父亲看到他的手，一定会来救他的。

整整27天，哈立德靠一点点的雨水奇迹般地存活了下来。科学家从科学的角度解释：人在断食后，新陈代谢的速度会开始减慢，人体对能量和蛋白质的消耗也会大大减少，所以即使27天不进食，只要保证水分充足，人也是可能存活下来的。虽然科学家做出了哈立德奇迹存活下来的解释，但是哈立德内心却更愿意相信，是坚信自己的父亲一定会找到他的这样一种信念，才使得他的生命出现了奇迹。

 **素材宝库**

父爱·名人名言

- 父爱是水。 ——（苏联）高尔基
- 父亲，应该是一个气度宽大的朋友。 ——（英）狄更斯
- 家庭是父亲的王国，母亲的世界，儿童的乐园。——（美）爱默生
- 父爱，如大海般深沉而宽广。 ——温家宝
- 父爱可以牺牲自己的一切，包括自己的生命。 ——（意）达·芬奇
- 父爱是沉默的，如果你感觉到了那就不是父爱了！ ——冰心
- 父亲的德行是儿子最好的遗产。 ——（西班牙）塞万提斯

拓展阅读

　　父亲节源于美国。20世纪初，几乎每个国家都有了父亲节，但各国父亲节的日期都不相同，庆祝方式也不同。我国古代虽然没有专门的父亲节，但是每年的农历九月初九，也就是重阳节，也被叫作老人节，这一天也算是家中父母的节日。后来世界上有很多个国家都将每年六月的第三个星期天作为父亲节，渐渐发展至今天，全世界已经有52个国家把这一天作为父亲节。父亲节这一天，儿女们送鲜花或是礼物给自己的父亲，表示自己对父亲的感情。杜德夫人更是建议，在这一天，大家佩戴红色的玫瑰花对健在的父亲们表示敬意和爱戴之情，佩戴白色玫瑰向已故的父亲表示悼念。这一建议逐渐被越来越多的人采纳，已经成为一种习俗。

第四章
趣味语文

 主题引言

　　语文乃百科之母，上至天文时空，下至地理人文，可谓包罗万象。语文不光是听、说、读、写等语言能力和语言文化知识的统称，更是文化沉淀的载体，是思想交流的工具，是文化魅力的体现。

　　一壶清茶，几个友人，吟诗有人喝彩，这便是语文的魅力；一片美景，七巧心思，一篇美文便能承载我们心中的共鸣，这便是语文的魅力；散文、小说、戏剧、古诗词，甚至是一句话，都仿佛是语文的枝枝叶叶，想要伸进你心灵的深处。语文的魅力如此，语文的趣味更是曲折迂回、跌宕起伏。

　　一个字可蕴藏着一个故事，一个词也可包含着隽永的韵味，让我们一起走近语文，领会她无穷的魅力吧！

目标课文一：字典公公家里的争吵

神奇的标点符号

古代是没有标点符号的。也许你会说："那些古诗词不都有标点符号吗，怎么能说古代没有标点符号呢？"其实，现在我们所看到古诗词里面的标点符号，都是后人加上去的。在古代，古诗词里并没有标点符号。由于没有标点符号，文章的断句给大家带来了很大的困扰，常常还因此闹出笑话。即使是现代汉语，如果一句话不带标点符号，不同的人读后也会有不同的理解。所以，标点符号是书面表达中不可或缺的重要组成部分。可千万不能小觑了标点符号，认为它没有什么用处。

清朝末年，慈禧太后执掌朝政。有一天，慈禧太后让一位书法家为自己心爱的扇子题词。书法家便在扇面上写了一首唐诗，是王之涣的《凉州词》："黄河远上白云间，一片孤城万仞山。羌笛何须怨杨柳，春风不度玉门关。"也不知道是过于紧张还是疏忽大意，这位书法家少写了一个"间"字。慈禧太后看了之后，勃然大怒，当场就要赐死书法家。这位学识渊博的书法家急中生智，解释道："其实我这是用王之涣所表达的诗意来填的一首词。"说完就当场朗诵起来："黄河远上白云一片，孤城万仞山，羌笛何须怨，杨柳春风不度玉门关。"慈禧太后听后大赞书法家才学渊博，还赏赐了银子给书法家压惊。

小小的标点竟有这么大的用处，挽救了一条性命。当然它的用处还不止于此。

另外一个关于标点的名人轶事，则反映了标点拥有说话的本领。

第四章 趣味语文

法国著名文学家雨果先生写完《悲惨世界》之后，把手稿投到了一家出版社，但是他等了很久都没有收到回复。于是，雨果先生给出版社寄去了一封信，在信中，雨果先生只写了一个标点符号"？"。没过几

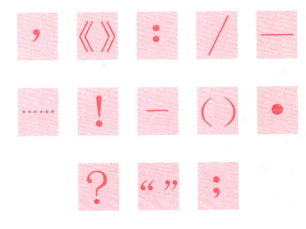

天，出版社就回信了，信上也只有一个标点符号"！"。不久之后，《悲惨世界》这部长篇小说就问世了。

巴尔肯是美国著名的社会心理学家。有一次在一个宴会上，巴尔肯博士提议大家用最简单的一句话来写自传。大家苦思冥想之后，都开始动笔了。宴会上有一个很沮丧的青年，他在这一张纸上只写下了三个标点符号"——""！""。"，就把纸交给了巴尔肯博士。巴尔肯博士看了之后，问青年这是什么意思？青年低落地说道："一个横冲直撞，到头来落了个伤心自叹，最后只好完蛋。"

巴尔肯博士沉思了片刻之后，在青年的"自传"下面，也写下了三个标点符号"、""……""？"，然后对青年人说："青年时期是人生的一个小站，道路实在漫长，希望却是无边无垠的，岂不闻'浪子回头金不换'？"

不同的标点符号，表达出不同的人生态度，是不是很神奇呢？

有趣的语文故事

 **知识卡片**

　　《公羊传解诂序》云："援引他经，失其句读，以无为有，甚可闵笑者而不可胜记也。"这里的"句读"是"句逗"的意思，说得简单点就是句号和逗号的意思。从这里便可以得知，我国早在两千年前就已经出现了"句读"的说法。根据历史文献记载，我国标点符号最早出现在宋朝，宋朝时期在书中开始出现"、"和"。"。到了明朝，又增加了一些新的标点符号，比如在人名旁边加"丨"，在地名旁边加"丨丨"。上面这两种符号就是我国最早的标点符号。

拓展阅读

标点符号歌

一句话说完，画个小圆圈（。）。

中间要停顿，圆点加尾巴（，）。

并列词语间，点个瓜子点（、）。

并列分句间，圆点加逗号（；）。

总结导语前，上下两个点（：）。

疑惑或发问，耳朵坠耳环（？）。

命令和招呼，滴水下屋檐（！）。

引文特殊词，蝌蚪上下窜（""）。

转折或注释，一横连两边（——）。

意思说不完，六点紧相连（……）。

书名与文名，两头尖又尖（《》）。

特别重要处，字下加圆点（·）。

目标课文二：小苗与大树的对话

"吝啬"的爱书人

季羡林先生一生非常慷慨，但一遇到书，他就十分"吝啬"了。

季羡林先生一生爱书，从上高中开始就疯狂买书，他是北大校园里私人藏书量最多的人。但是你想跟季羡林先生借书，那可不是一件易事。季羡林先生有一个铁皮柜子，他把自己最珍爱的书都锁在了里面，还在柜子外面上了一把锁，钥匙则是常年挂在自己的腰带上。还有一些比较宝贵的书，季羡林先生则把它们专门集中放在两个房间里，房间的墙上贴着一张纸，上面用毛笔写着"此屋书籍不得带出"几个大字。所以季羡林先生的弟子都知道，不到万不得已的时候，最好不要向季羡林先生借这两个房间的书；他的铁皮柜子里的书，更是想都不要想。

不过如果你带上笔记本到季羡林先生书房去看书，他又会十分高兴，还会亲自帮你把书找出来，捧到你面前，然后站在你身后意味深长地看着你，仿佛心里在说："嗯，你居然也会看我铁皮柜子里的书了。"季羡林先生很高兴也很大方别人去他那里去看书，还会让助手给上门看书的学生倒上一杯香茶。如果你在看书的时候有问题要问他，他就更开心了。

有趣的语文故事

季羡林先生不只是爱书，还爱任何文字。任何一张带着字的纸片，他都不会扔掉，所以他家的报纸堆积如山。但是"文革"时期，这些长年累月积攒下来的报纸和书籍，给他带来了许多无妄之灾。

季羡林先生一生的主要时间都花在了读书上面。每天早上四点一刻，天还没亮，季羡林先生就起床看书了。等人们从床上起来时，他已经读了好几个小时的书了。七十年如一日。

👉 人物简介

季羡林先生是我国当代的"国学大师"、文学界的"泰斗"和"国宝"。他6岁入私塾读书，10岁开始学习英文，19岁考入清华大学。季羡林先生一生都致力于国学的研究。他还是著名的佛学家、语言学家、史学家。曾担任北京大学副校长、北京大学终身教授、中国科学院哲学社会科学部委员等。他精通吐火罗文、梵文等文字，是世界上仅有的几位精于此类语言的学者之一。

👉 素材宝库

读书学习·名人名言

●尽信书，则不如无书。 ——（战国）孟子

●读书谓已多，抚事知不足。 ——（宋）王安石

●但患不读书，不患读书无所用。 ——（明）朱舜水

●好读书，不求甚解；每有会意，便欣然忘食。

——（东晋）陶渊明

- 读书破万卷，下笔如有神。 ——（唐）杜甫
- 读书好处心先觉，立雪深时道已传。 ——（清）袁枚
- 书山有路勤为径，学海无涯苦作舟。 ——（唐）韩愈
- 读书以过目成诵为能，最是不济事。 ——（清）郑板桥

 目标课文三：有趣的谐音

巧用谐音的幽默技巧

谐音是一种有趣的汉语言现象。像"外甥打灯笼——照旧（照舅）"这样的歇后语，很多都是用谐音来表示的，其中充满了智慧和幽默。谐音的笑话多数来源于生活，也有一些是刻意利用相近读音来创造的一种幽默。

这里有两则关于谐音的笑话。

有个中文老师请他的两个外国学生到家里吃年夜饭。这两个学生性格差异很大，一个活泼开朗，一个内向腼腆。年夜饭开始了，那位性格开朗的外国学生向老师的家人做完自我介绍之后，看着自己的同学羞涩地低着头，就想帮一帮他，于是他指着内向的同学说："这是我同学，他是缅甸来的，所以很腼腆。"介绍完之后，他端起一杯酒对老师的家人们说："我是仰光来的。"引得众人哈哈大笑。

另一则关于谐音的笑话，说的是古时候有一个书生，自认为才高八斗，学富五车。可是他写的文章却得不到别人的赏识，因此他心里一直很不服气。这一天，他又写了一篇文章。他自以为十分精妙，就

拿着去让村里一位当过翰林的老先生批点。老先生看过之后，一个字都没有改，只是在文章后面写下"高山打鼓，闻声百里"八个大字。书生接过文章后，看见先生给自己这么高的评价，便十分高兴地离开了。回去之后，他每天都拿着这篇文章向同村的书生们炫耀。书生们看了之后都觉得他的

文章平常无奇，可为什么先生会给出了这么高的评价呢？众人百思不得其解，于是一起去问老先生："先生，你为什么给他那么高的评价？那篇文章写得并不好啊。"老先生捋了捋自己的胡子笑道："你们说大鼓发出的声音是什么样的？"一位学生不假思索地答道："扑通扑通啊……"老先生笑着说："是啊，不通、不通啊……"众人这才恍然大悟地笑了起来。

两则笑话，主人公都巧用谐音，化解了生活当中的尴尬，同时也让生活多了很多乐趣。

知识卡片

什么是谐音？谐音就是利用语言文字音同或音近的关系，有意使语句兼有两种意思，表面上是说这个意思，实际上是说另一个意思。谐音作为借助汉字音同或音近的条件而取得特殊表达效果的一种修辞方法，如画作中，金鱼有"金玉满堂"的喻义，而鲤鱼则有"利"的意蕴。谐音在现实的语言生活中应用广泛，如电话号码、对联撰写、笑话故事、商业广告等中都有应用。

 拓展阅读

谐音古诗

杨柳青青江水平，闻郎岸上踏歌声。东边日出西边雨，道是无晴却有晴。（晴—情）　　　　　　　　　　——刘禹锡《竹枝词》

相见时难别亦难，东风无力百花残。春蚕到死丝方尽，蜡炬成灰泪始干。晓镜但愁云鬓改，夜吟应觉月光寒。蓬山此去无多路，青鸟殷勤为探看。（丝—思）　　　　　　——李商隐《无题》

井底点灯深烛伊，共郎长行莫围棋。玲珑骰子安红豆，入骨相思知不知。（烛—嘱，围棋—违期）　　　　——温庭筠《杨柳枝》

目标课文四：仓颉造字

仓颉打了个盹儿

仓颉没出名前可不叫仓颉。仓颉本姓侯岗，名颉，因创造了象形文字，被黄帝赐姓仓，表达对他的敬佩。仓颉感恩戴德，于是更加专注于造字。

渐渐地，仓颉发现了象形文字的不足，比如说一些比较复杂的意思和抽象的事物很难表达出来，于是他开始试着寻找新的造字方法。后来，经过好多个日夜的苦熬，仓颉又发明了指事、会意、形声、转注、假借等五种造字方法，加上原来的象形，共六种。从那以后，仓颉造出的字就更加传神和准确了。

仓颉造字越来越多，名声也越来越大了。渐渐地，仓颉有些目中无人了，他听不进别人的意见，造字也马虎了起来。黄帝知道这个情况后，便嘱托身边一位德高望重的老人去处理这件事。老人先到民间去了解百姓使用文字的情况，然后才找到仓颉："仓颉，你造的字已经家喻户晓了，可我人老眼花，有两个字我至今还不明白是什么意思。"

仓颉谦虚地说："是哪两个字？我给你解释解释。"

老人说："你造的'重'字，本应是远行千里之意，应该念'出'，而你却教人念成山重水复的'重'字。反过来，山架着山的'出'字，本该念山重的'重'，你却教人念成了出远门的'出'字。我实在搞不清是什么意思了。"

仓颉听老人这么一说，对这两个字仔细一琢磨，发现果然是他错了。他的脸"唰"的一下红了，不断地向老人表示自己的歉意。可这两个字早已传遍天下，并且已被众人掌握使用，要想纠正已非易事，就只能这么眼睁睁地看着错误继续下去了。

仓颉从此吸取教训，造字又谨慎了起来。可隔了一段时间，老人又找上门来兴师问罪了："你造的'馬'字，'驢'字，'騾'字，都有四条腿吧？而羊也有四条腿，可你造出来的羊字怎么没有四条腿，只剩下一条尾巴呢？你是不是欺负羊小，把这四条腿长在了没有腿的'魚'身上去了？"

仓颉一听，心里犯嘀咕了：造的这两个字，没有错呀！象形字，只是一个符号，只能抓住事物的主要特征，哪能把事物的所有细节都

——描绘下来呢？造羊字时，我是从上往下看羊的，看见了羊头、羊身、羊尾，羊的四条腿藏在肚子下，自然看不见了。造'鱼'字时，下面四点哪是腿呢，那是鱼尾巴摆动时产生的水波呀！要是鱼离开了水，鱼还能活吗？仓颉心里想了许多，却没有对老人说出来，他心知老人是在鸡蛋里挑骨头，便回应道："既然你说我造的羊字没有腿，我就在其他地方补回来。小羊刚生下来时，四脚还不能站立，从哪个角度都能看到它的腿，我就把小羊叫作'羔'吧。"

　　虽然仓颉这次没有错，但仓颉造字时时刻提醒着自己，要细致和严谨，因此再没出现过一个造错的字了。

知识卡片

　　仓颉，黄帝时的左史官，被称为汉文字的开山鼻祖。由于传说的神化，很多人认为仓颉天生聪明，一生下来就知道字，所以才造出了字。但其实不是，早在燧人氏晚期，也就是公元前一万年左右，燧人氏就发明了最早的符号文字，后来逐渐出现了越来越多的符号和文字。在那时候，文字只被少数人掌握，属于一种密码性质的文字，自己写的别人未必能读懂，或者是只有这几个人看得懂，其他人都不懂。而仓颉则广泛收集文字加以整理，并将这些象形文字做了系统的归纳，才使得象形文字更容易被他人学习和使用。所以，我们称仓颉为汉文字的开山鼻祖也是无可厚非的。

拓展阅读

燧人氏在一万多年以前就发明了符号，最开始的时候，只有"○""△""*"这三个符号。当时人们都是靠结绳记录重要的事件。比较重要的大事，就打一个大的结；比较小的事，就打一个小的结。但是如果遇到火灾就麻烦了，绳子被烧了，人们的记事就不复存在了。渐渐地，人们发现了一种更便捷和更聪明的记事方式，那就是用符号代替不同的结，刻在岩石上，这样即使遇到火灾也不怕了。后来，人们又陆陆续续发明了很多种符号，来代替不同的事物。这就是远古时代我国最早的文字了。

目标课文五：甲骨文的发现

甲骨文的发现

甲骨文是我国现已发现的古文字中，年代最久远、体系较为完善的文字。甲骨文主要是指殷商时期，人们刻在龟甲、兽骨上的文字。甲骨文是为了占卜而刻写的。后来殷商灭亡，周朝兴起，甲骨文仍然被使用了很长一段时间。

甲骨文的存在，最先被清朝国子监祭酒王懿荣于公元 1899 年发现。有一次，王懿荣生病了，他在喝药的时候，发现在中药里有一味叫"龙骨"的药非常奇怪，于是赶紧命下人把自己的药渣拿来翻看，发现里面的龙骨上刻有一些符号，而且这些符号越看越像文字。于是他就去

药房把所有的龙骨都买下来，拿回家慢慢研究。他照着龙骨上的符号，把它们临摹到纸上，经过长期的研究，最后终于确定，这些符号是一种文字。王懿荣不光学识广博，还是一位著名的古董商和金石学家，所以他很快便辨认出这些龟甲和兽骨来自殷商时期。

目前，被发现的甲骨文大约有15万片，其中有4500多个单字。如今，经过学者们的潜心研究，我们已经能识别甲骨文中的单字1700个了。通过甲骨文，我们对3000多年前的殷商时代有了新的认识。当年孔子曾一度想弄清楚殷商时期的制度和文化，但是由于缺少文献资料而无从下手，如果他知道后人发现了甲骨文，一定会非常嫉妒的。

甲骨文的发现，一下子恢复了一大段古史，把中国有文字的历史提前了一千多年，具有划时代的意义。

👉 知识卡片

甲骨文是中国现在发现的最早的古代文字，由于被记录在龟甲、兽骨之上，所以被称为甲骨文。甲骨文主要记载了从盘庚迁殷到纣亡这273年间的占卜和重要事件。通过研究甲骨文，我们得知商朝人非常迷信鬼神之说，无论大事小事都要占卜。天气是否晴朗要占卜，有没有病痛要占卜，连求子也要占卜。如果遇上狩猎或是战争、祭祀那就更要占卜了。不过也正是商朝人这种万事都要占卜的习惯，才让我们有更多的机会去了解商朝的历史发展状况和当时人们的生活情形。

 **拓展阅读**

　　王懿荣出生于士大夫家族，幼承家学，光绪六年中了进士，曾经位列国子监祭酒（相当于现在的大学校长）。王懿荣还是当时有名的金石学家和古董商。王懿荣是发现、收藏甲骨文第一人。王懿荣学识渊博，在书画上也有很深的造诣。他非常喜欢收藏古董文物，几乎把所有的俸禄都拿去搜求古董文物了。有时候俸禄还没有发下来，但又发现新的收藏对象，他就会悄悄地拿妻子的嫁妆去典当。王懿荣还是一位爱国志士，八国联军入侵后，他不愿为俘虏，投井自杀了。

目标课文六：三味书屋

三味书屋

　　鲁迅先生 12 岁到 17 岁这段时间就读的私塾叫"三味书屋"。鲁迅先生很喜欢这个地方，在性格养成的最重要的时期，他有很大一部分时间待在这里。三味书屋见证着他青少年时代的成长。

　　三味书屋在晚清时期的绍兴府非常著名。鲁迅家就住在三味书屋对面。三味书屋是鲁迅的老师寿镜吾先生的住屋。寿镜吾先生是一名学识渊博的儒生，他品格端正、为人正派，在当地有很高的威望。寿镜吾先生一生淡泊名利。由于寿镜吾先生的父亲告诉他，"乱世莫去做官"，加上寿镜吾先生自己也厌恶官场的黑暗，恐官场辱没了圣贤斯文，所以寿镜吾先生虽然学富五车，但自考中了秀才之后，便不再参加应试。寿镜吾先生一生坐馆授业，桃李满天下。鲁迅先生敬重自己的老师，称赞老师为"本城中极方正、质朴、博学之人"。

三味书屋原不叫三味书屋，而叫三余书屋。"三余"出自于三国时董遇的话。"三余"，即"冬者，岁之余；夜者，日之余；阴雨者，时之余"。取名三余书屋是希望学生珍惜时间。后来寿镜吾的祖父将三余书屋改名为"三味书屋"。

一说到鲁迅先生，可能很多人都觉得鲁迅先生受到西方文化的影响至深，一定十分厌恶中国传统文化。但实际上在接触西方文化之前，鲁迅先生一直接受的是传统的中国文化教育，三味书屋对鲁迅一生影响至深。鲁迅先生对人吃人的封建社会痛恶至极，但对许多孔孟经典礼教却非常的尊崇。每到春节前，鲁迅都会用工整的小楷给寿镜吾先生写上"拜年信"。所以鲁迅先生并不是一味地将孔孟之道打入地狱，而是秉承"去其糟粕，取其精华"的原则，在精神上其实并不违背孔孟经典。如果鲁迅先生尚在人世，看见后人如此摒弃中国传统文化，也许会为传统文化再次呐喊。

知识卡片

　　私塾是我们古代社会的一种民办教育机构。在旧时，并不是人人都能读上书，只有家境富裕的人家才会送孩子进私塾读书。私塾一般都是在老师家里或者是比较繁盛的宗族开办的学校。私塾通常以儒家思想为授业的中心。最早的私塾产生于春秋时期。在漫长的封建社会时期里，私塾为国家人才培养做出了很大的贡献。

 ## 拓展阅读

　　鲁迅先生在三味书屋读书时，附近还有一所私塾。那所私塾的老师本身没有什么才华，但是常常苛责学生。学生如果想要去上厕所的话，必须拿到他的"尿签"才能去，否则就算是憋急了也不准去。鲁迅先生知道后，立刻带着同学去跟那所私塾的老师理论，结果老师回家吃饭了。鲁迅先生生气地把笔筒里的"尿签"全部折断，扔在地上狠狠地跺了两脚。

第五章
心灵世界

 ## 主题引言

人生在世，总有失意和得意之时。得意时不要忘了内心世界的宁静，失意时不要抛下内心世界的执着，方能让自己的心灵世界得以安稳。随着年纪的增长，我们的心灵世界变得越来越拥挤，甚至是不堪重负。要怎么做才能还心灵世界一片纯净和安稳呢？我们要学会关注自己的内心，遵循自己内心的意愿做人、做事，不要被一些虚无的、浮躁的价值观所左右。

下面就让我们一起走进美好的心灵世界，去寻求那把打开自己和他人心扉的钥匙吧！

目标课文一：掌声

被掌声拯救的天才

并不是每个成功的人一生下来就会被贴上天才的标签。许多人都经历过被别人质疑的阶段，但是他们没有放弃，最后靠心中的信念战胜了困难，成为成功的人。

郎朗9岁的时候，就随父亲来到北京，他希望在这里找到属于自己的舞台。郎朗的父亲费尽周折，为儿子找到一位著名的钢琴师做辅导老师。

在第一次上辅导课的时候，钢琴师教郎朗弹一首很简单的乐谱。可听郎朗弹完之后，这位著名的钢琴师对郎朗的父亲说："放弃吧，这个孩子反应太慢了，又比一般的孩子笨，根本不可能考上中央音乐学院。趁着孩子还小，另外找个出路吧。"郎朗和爸爸听到这样无情的"判决"之后，非常绝望，准备收拾行李离开北京。但就在郎朗要离开北京时，郎朗就读的学校要举办一场晚会，老师找到郎朗，希望他在晚会上为同学们弹奏一曲。

郎朗听说之后，对老师说："老师，我不弹，钢琴老师说我反应慢，又笨。我以后都不会再弹钢琴了。"老师很惊讶地说："怎么可能？你弹得好好的，怎么说不弹就不弹了呢？你爸爸带你来北京，不就是为了让你好好学习弹琴吗？"可是不管老师怎么劝说，郎朗都不肯答应晚会的表演。

这时候，郎朗的许多同班同学一起走了过来，拉着郎朗的手说："郎朗，你弹吧，你弹琴那么好听，我们都很喜欢听你弹琴。"还有一个平时和郎朗没什么交情的同学说："郎朗，你是我们心目中弹琴弹得最好的人，你去弹一首吧。"郎朗听到这些暖人心窝的话，感动地点了点头。

文艺晚会开始了，郎朗流着泪弹了好几首中外名曲。台下的老师和同学们都听得入了迷。演奏结束后，掌声响起，持续了好长时间。郎朗就在这些鼓励的掌声中一遍又一遍地鞠着躬，他很感谢这些鼓励他的人。在掌声中，郎朗下定决心："这一辈子，我一定要学好钢琴！"

从那以后，郎朗开始疯狂、拼命地练琴，以优异的成绩考入了中央音乐学院附属小学；十余年之后，站上了中央音乐学院的讲堂，成为中央音乐学院最年轻的教授。他在世界音乐界更是声名鹊起，被人们誉为"百年不遇的钢琴天才"。

👉 人物简介

郎朗是一名"80后"，这位年轻人被美国权威媒体誉为"这个时代最天才、最闪亮的偶像明星"，被《人物》评为"改变世界的20名青年"之一。郎朗3岁学琴，13岁获得第二届柴可夫斯基国际青年音乐家比赛第一名，14岁考入美国柯蒂斯音乐学院，17岁时在芝加哥拉文尼亚音乐节明星演奏会上作为临时替补，演奏柴可夫斯基《第一钢琴协奏曲》一举成名。

阅读感悟

当一个人绝望、失落时，千万不要吝啬你的鼓励。有时候温暖的肯定和鼓励，不仅能抚慰受伤人的心灵，还能给别人带来莫大的精神支持；当然得意、欢笑时，也不要吝啬你的掌声，发自内心的掌声比任何赞美的语言都要动听，它会让人在掌声中得到巨大的能量和动力，继续为下一次的成功奋发图强。

目标课文二：争吵

有种友谊叫宽容

什么叫朋友？朋友是下雨天的伞，为你遮风挡雨。锦上添花的朋友自然是好的，但是能雪中送炭的朋友才是真朋友。俞伯牙和钟子期的知音之情，必定是友谊；李白和杜甫的相见恨晚之情，也必然是友谊；廉颇和蔺相如的负荆请罪之谊，也一定是友谊。平凡人之间的友谊虽然不像名人们的故事能被千古传唱，但也依旧会被永生铭记在朋友心间。人无完人，孰能无过，对待友谊，有时候需要更加的宽容。

两个小女孩是特别好的朋友，她们总是形影不离。轮到其中一个女孩值日，另一个女孩一定会帮忙抱作业本、擦黑板；其中一个女孩生病，另一个女孩一定会认真地做好两份笔记送到生病的女孩家里。这么要好的两个小女孩，有时也会闹一些小别扭。

"你看你！把我的新裙子弄脏了，这是我姨妈送给我的！"一个小女孩眼里含着泪指责自己的朋友不小心把墨水弄到了自己的新裙子上，"我以后再也不会理你了！"说完之后，小女孩虽然心里有一丝丝不忍，但还是倔强地背着书包一个人回家了。

走在回家的路上，小女孩看着自己沾了墨水的裙子心里很委屈，但更多的是寂寞和孤独。平时她都是和朋友一起手牵手回家，现在只剩下她一个人，一阵阵的失落让她很后悔。正在这时，她回头看见她的朋友也一个人落寞地走在不远的身后。她想了想，古代圣贤还负荆请罪呢，何况我一个小女孩，而且裙子上沾了墨水也不是什么大事，回家让妈妈在墨水上缝一朵好看的小花就是了。想到这里，小女孩鼓起勇气跑到自己的朋友身边，拉着朋友的手说："对不起，我不该那么大声地凶你。"朋友听了之后，立刻露出灿烂的微笑。两个小女孩又和好如初了。

如果大人也能像孩子们那么纯真，那么宽容，或许他们就不会再抱怨找不到知己了。

👉 知识卡片

甲骨文中的"友"字像两只握在一起的手，握手表示友好的意思。从古到今，老友重逢，都会伸出手紧紧相握，表示亲切的友谊。"友"字本来的意思和我们现在所说的"朋友"的意思是相通的。不过在古代，"朋"和"友"的含义是有区别的："同门为朋"，师从同一个老师学习的人称为"朋"；"同志为友"，即志同道合的人才能称为"友"。"谊"，是形声字，表示合乎礼义。

 素材宝库

友谊·名人名言

● 挚友如异体同心。　　　　　　　　——（古希腊）亚里士多德

● 谅解、支援和友谊，比什么都重要。　　　　　　——毛泽东

● 患难之中的友谊，能够使患难舒缓。　　　——（英）莎士比亚

● 真正的友谊，是一株成长缓慢的植物。　　　——（美）华盛顿

● 人世间的一切荣华富贵不及一个好朋友。　　——（法）伏尔泰

● 最难忍受的孤独莫过于缺少真正的友谊。　　　——（英）培根

● 用不存成见的心情和人交往，才可以交到朋友。

——（法）罗曼·罗兰

目标课文三：给予是快乐的

先去给予

　　在撒哈拉沙漠上，一位旅行者迷失了方向。不知道走了多久，旅行者身心疲惫，喝光了自己带的所有水。望着炙热的太阳，他倒在滚烫的沙砾上，无力地环顾四周，期盼着能碰见其他旅行者，但回应他的只有无边的沙漠。仅靠心中唯一的一点点希望，他拼尽全力地爬起来继续盲目地向前行进着。

　　突然，他发现不远处有一间小屋，他拖着疲惫的身体努力地向小屋靠近着。可当他到达小屋时，却发现这是一间被人废弃的小屋，刚燃起

的希望之火被浇灭了。但很快他就又激动起来了，因为他发现小屋的墙角处有一口水井，上面还架着一个汲水器。他兴奋无比地用尽全身力气去汲水，但是一滴水都汲不上来。他绝望透了。

无意间，他看见墙角有一个水壶，他激动地走过去一提，水壶是满的，他看到了生还的希望。当他拿起水壶准备一饮而尽时，却发现水壶下面压着一张纸条，上面写着："请先把壶中之水倒入汲水器，再去汲水。在走之前，请再装满这个水壶。"这让他感到很为难，他害怕把壶里的水倒入汲水器之后，仍汲不出水来，那他无疑是死定了。但如果他喝光了壶里的水，万一有人也走到他这一步，那岂不是会被渴死？

这是一个艰难的决定。经过良久的思考，他最后决定赌一赌，把水倒进了汲水器。果然，有了水的汲水器很快就汲出了清冽甘甜的井水。他痛快地喝了个够，喝完之后还把自己所带的所有容器都装满了，当然也将那个水壶添满了水。在他离开小屋之前，他在纸上加上了一句话："纸条上的话是真的，只有先去给予，才能获得甘甜的水。"后来来到这里的人们也都按照纸条上的话去做了，没有人会因为饥渴而丧生于这个小木屋附近。

享受给予，收获快乐。

素材宝库

给予·名人名言

● 我好像是一只牛，吃的是草，挤出的是牛奶。　　　——鲁迅

● 谁给我一滴水，我便回报他整个大海。　　　——李华梅

● 人家帮我，永志不忘；我帮人家，莫记心头。　　　——华罗庚

● 你若要喜爱你自己的价值，你就得给世界创造价值。

——（德）歌德

● 生命的意义在于付出，在于给予，而不是在于接受，也不是在于争取。　　　——巴金

● 埋在地下的树根使树枝产生果实，却并不要求什么报酬。

——（印）泰戈尔

● 你要记住，永远要愉快地给予别人，少从别人那里索取。

——（苏联）高尔基

阅读感悟

　　如果你有六个苹果，不妨分与其他五个人。你虽然少吃了五个苹果，但得到了五份友谊。等到那五个人有其他东西的时候，或许你会得到比五个苹果更多的回报。当然我们在分享的时候，并没有想要得到回报。学会分享不仅在生活中很重要，在学习和工作中同样重要。与同学、同事分享自己的灵感和想法，你的想法或许会激发出别人的灵感，同时也可能因为别人的分享，你获得了更多的好主意。

目标课文四：幸福是什么

幸福是什么

幸福是什么？不同的人，就会有不同的答案。

对于孩子来说，有父母的陪伴，和好朋友一起游玩成长，不错过放学后的动画片，就是一种幸福；对于懵懂的少年来说，来自远方朋友的一封邮件，一个明确的可以为之奋斗的目标，就是一种幸福；而对于意气风发的青年来说，一段让人沉醉的爱情，一个陪伴自己奋斗的情人，一颗为理想执着奋斗的心，就是一种幸福；对于中年人来说，家庭和美，儿女欢笑，就是一种幸福；而对于迟暮之年的老人来说，子女们的陪伴，身体的康健，就是一种幸福。

人类的幸福其实挺简单，珍惜自己所拥有的就是一种幸福。那么对于动物来说，什么是幸福呢？

灵动的鱼儿在水里吐出一个泡泡说，我的幸福就是能在水里自由自在地游泳，无拘无束；威风凛凛的狮子说，幸福就是草原上有捕捉不完的猎物，能让我和我的孩子们衣食无忧；憨厚可爱的熊舔舔爪子上的蜂蜜说，在秋天吃得饱饱的，然后整个冬天躲在洞里暖暖地睡上一觉就是幸福；刚刚长出犄角的小鹿则说，永远不被老虎发现，和家人一起悠闲地吃草，就是幸福；一身雪白的小兔子说，幸福啊，就是和朋友一起在绿油油的草地上嬉戏；树上欢快的喜鹊则说，幸福就是唱着欢快的歌曲在蓝天白云间自由地翱翔。

对于动物来说，食物充足，自由自在地生活就是幸福。它们和人类相比，要求可就更加简单了。那么，植物们的幸福是什么呢？

娇艳的玫瑰花说，当恋人把我送给对方时，对方脸上甜蜜的笑容让我感到最幸福；淡雅的康乃馨说，当子女把我送到母亲的怀里，母亲欣慰的表情让我感到最幸福；挺拔的松柏说，当其他花草树木都休息的时候，我还能为大地带来一抹绿时，我感到最幸福；凌寒而开的梅花说，当我在冬日悄悄绽放，文人墨客为我倾倒之时，我最幸福。

植物们的幸福仿佛与己无关，只要别人感觉到幸福，它们也就觉得幸福。这种幸福是崇高的。但是不管是哪种幸福，它的存在都是有意义的，因为正是有了它们，我们的生命才会有色彩！

 素材宝库

幸福·名人名言

●像所有矢志奋斗的人一样，我把艰苦的探寻本身当作真正的幸福。　　　　　　　　　　　　　　　　　　——张海迪

●生活中最大的幸福是坚信有人爱我们。　　——（法）雨果

●为人类的幸福而劳动，这是多么壮丽的事业，这个目的有多么伟大！　　　　　　　　　　　　　　　　——（法）圣西门

●真正的幸福只有当你真实地认识到人生的价值时，才能体会到。　　　　　　　　　　　　　　——（科威特）穆尼尔·纳素夫

●如果有一天，我能够对我们的公共利益有所贡献，我就会认为自己是世界上最幸福的人了。　　　　　　　——（俄）果戈理

第五章 心灵世界

探究乐园

冰岛是世界上幸福指数最高的国家。许多社会学家研究之后，一致认为"世界上最幸福的国家"是冰岛。冰岛是一个贫富悬殊十分小的国家，这里的犯罪率几乎为零。冰岛的人们待人热情诚恳，而且冰岛的环境优美，无污染，社会竞争压力小。冰岛的人都比较长寿，平均寿龄在80岁。而冰岛的人的退休年龄，男士是70岁，女士是65岁。

目标课文五：尊严

世界上最高贵的施舍

这一生，我都很尊敬我母亲的智慧。那一年大雪，有一个乞丐路过我家门前。乞丐很惨，断掉了一只手臂。寒风中他衣着单薄，颤巍巍地伸出仅剩的那只手，希望我的母亲能施舍一点食物给他。我以为慷慨的母亲一定会施舍的，可是她却微笑着对乞丐说："你帮我把砖搬到屋子后面的空地去吧。"

乞丐听完之后很生气："我只有一只手，你竟然叫我帮你搬砖，你可真没有同情心啊。"母亲并没有生气，只是冷静地用一只手搬起一块砖，对他说："你看，我可以用一只手完成这项工作，你也有一只手，为什么不能？"乞丐愣住了，我看到他喉结滚动了两下，用异样的眼光看着我母亲，然后转过身，放下自己手里乞讨用的破碗，用仅有的一只手搬起了砖。他一块一块地搬着，搬了整整两个小时才搬

完那一堆砖，累得气喘吁吁，满头大汗。

母亲递给了他一条毛巾，还有一件父亲的旧衣服。乞丐抹干净了脸，准备转身离去。母亲拿出 20 元钱递给了他。乞丐鼻翼翕动着，但是他强忍着泪水，接过钱，低声说了句"谢谢"。

母亲微笑着说："不用谢，这是你的劳动所得。"乞丐听了强忍着内心的激动，说道："我不会忘记你的。"然后转身就消失在冬日的风雪里了。

春天到了，又有另外一个乞丐到我家来乞讨。母亲又让这个乞丐把屋后的砖头搬到屋前来，然后照样给了他 20 元钱。我十分不解，就向母亲问道："上次你不是花钱叫那个独臂乞丐把砖搬到屋后吗，怎么现在又花钱叫这个乞丐把砖头搬到屋前呢？"母亲说："其实这堆砖摆在哪里都一样，但是对于他们来说，搬砖和不搬砖就不一样了……"

过了几年，我已经成年了，早已忘了这件事。有一天，一个衣着光鲜的人出现在了我家。他西装革履，唯一遗憾的是，他少了一条手臂。他握住母亲的手说："谢谢你，如果当年不是你，我现在还是一个乞丐。你教会了我一个道理，我并没有比别人少任何东西。我后来拼命地工作，自己养活自己，现在已经是一家公司的董事长了。这些都归功于你，是你让我明白了什么是人格，什么是尊严。"

母亲说："你当上董事长并不是我的功劳，是你自己的努力。"董事长非要把我们全家接到大城市去生活，还说在大城市已经给我们买好了房子。母亲微笑着拒绝道："谢谢你的美意，我不能接受你的照顾，因为我也没有比别人少什么，我有两只手。你把房子分给那些一只手都没有的人住吧。"

素材宝库

尊严·名人名言

● 为人粗鲁意味着忘却了自己的尊严。——（俄）车尔尼雪夫斯基

● 一个国家如果不能勇于不惜一切地去维护自己的尊严，那么，这个国家就一钱不值。 ——（德）席勒

● 一个人的尊严并非在获得荣誉时，而在于本身真正值得这荣誉。 ——（希腊）亚里士多德

● 每一个正直的人都应该维护自己的尊严。 ——（法）卢梭

● 自尊自爱，作为一种力求完善的动力，却是一切伟大事业的渊源。 ——（俄）屠格涅夫

● 不要让一个人去守卫他的尊严，而应让他的尊严来守卫他。 ——（美）爱默生

阅读感悟

尊严是人们活下去的信念。穷人不吃嗟来之食，有着宁死不屈的"尊严"；郑板桥"千磨万击还坚劲，任尔东西南北风"，这是他骨子里的"尊严"；陶渊明不向五斗米折腰，拥有着蔑视权贵的"尊严"……可见不同的人对尊严有着不同的坚持，但他们骨子里都坚持着一种做人的

可贵精神。一个人不但要自己有骨气有尊严，也要时刻捍卫他人的尊严，因为人人生来平等。或许你现在比别人生活过得优越，但在人格上，是永远没有贵贱之分的。

  目标课文六：中国国际救援队，真棒！

中国国际救援队

2008 年 5 月 12 日的汶川大地震，震撼了整个中华大地，之后各地的救援力量一批又一批地到来。相较于很多满怀热情但在救援技术和理念上还有不少问题的志愿者，有一支队伍的表现堪称惊艳，它就是中国国际救援队，一个拥有近 500 名成员的大家庭。

只要仔细观察这支队伍的标志，就可以很直观地了解到他们所追求的是什么。地平线上冉冉升起的五星传达出了中国国际救援队为灾区人民带来无限的希望；鲜明的旗帜颜色和简洁的三角紧急符号，强调了国籍和救援的紧急性；而五角星与三角符号所构成的人形更是说明了救援队人命大于天的核心追求，同时也体现出救援队对拯救他人于危难当中的自信和专业。

这支优秀的队伍确实对得起这个标志，对得起人民对他们的信任。没有什么比数字和实际行动更能说明问题。下面我们就来盘点一下这支队伍成立以来的具体情况吧。

中国国际救援队于 2001 年成立，由中国地震局、解放军某工程部队、武警总医院三家单位共同组建，拥有 8 大类 360 多种 23400 余件（套）装备、搜索犬 20 余条、车辆 20 余部，达到联合国重型救援队标准，是一支"一队多用、专兼结合、军民结合、平战结合"的专业的地震灾害搜索救援力量。

成立以后，中国国际救援队多次参与了国内外紧急救援行动。在阿尔及利亚地震救援期间，中国国际救援队成功搜救出一名 12 岁的幸存儿童，是 38 支国际救援队成功搜救出幸存者的两支队伍之一。在 2004 年底印度洋地震海啸救援行动中，中国国际救援队分两批派遣 70 人赴印尼，开展国际人道主义援救，得到了当地灾民的广泛赞誉和国际社会的充分肯定，为国家整体外交做出了积极贡献。

知识卡片

这支简称为 CISAR 的特殊队伍，是我国针对地震等重大突发性灾难救援困难的情况专门组建的，主要任务是解决建筑物压埋人员的救援难题。这支队伍配备了完善的搜索和营救设备，具有很强的专业性。国务院对这支队伍的成立寄予了高度的重视。2001 年 4 月，在这支队伍成立时，温家宝同志曾亲自到场，并授予了该队旗帜。它就是中国国际救援队。

拓展阅读

2011 年 3 月 11 日，和中国一衣带水的日本遭遇了 9.0 级大地震，举世震惊。作为一支专业的地震救援队伍，中国国际救援队迅速启动，在很短的时间内完成了准备工作，飞抵日本，并且顾不上旅途的艰辛，立即来到了地震重灾区大船渡市。当时日本的核电站有很大的泄露风险，每一个队员都面临着核辐射的风险。但他们没有退缩，因为在队员们心中，相较于可能存在的核辐射风险，那些在废墟中挣扎的灾民更为重要。

第六章
名人风采

 主题引言

　　世界上有很多名人，他们分别在各自精通的领域里，以其杰出的成就、坚强的意志和高尚的人格，成为人们心中的偶像。名人们必然有着许多异于常人的地方，最重要的是他们身上都具有不屈不挠的可贵品质和在长期实践中积累起来的超常才智。他们当中不乏身经百战的英雄，才华横溢的文学巨匠，天资聪敏的科学家，等等。

　　了解名人，走近名人，阅读他们的故事，我们将从中找到属于自己的精神榜样。让我们一起追忆名人事迹，欣赏名人魅力吧！

目标课文一：孔子拜师

孔子：好学而博闻

真正能称为圣贤的人并不多，孔子就是其中一位。后人总是说孔子拥有无与伦比的智慧，却不知道这智慧并不是与生俱来的，而是来源于长期的知识积累。他能让每一位遇到困惑的人找到满意的答案。

春秋时，鲁国有位卿大夫叫季恒子。有一天，季恒子在家里挖井，挖出了一只泥质的土缶。土缶是一种用来装酒的器皿，口小肚大。季恒子发现土缶中居然有只羊。季恒子百思不得其解，于是带着挖出来的土缶去问孔子，并故意说："我的井里挖出了一只狗，你知道是怎么回事吗？"孔子立刻回答了他："不对，这是只羊。据我所知，山上的怪物叫夔和魍魉，而水里的怪物则是龙和罔象，土中的怪物并不是狗，而是羵羊。"

有一次楚昭王坐船过江，有个像斗那么大的东西突然砸到了楚昭王船上，一下就滚进了船里。在场所有人都不知道是什么东西，楚昭王只好叫人去请教孔子。孔子并没有见到实物，只是听来人描述了一下，就立刻告诉来人："这个东西叫'萍实'，剖开了还可以吃。据说只有一方霸主才能见到萍实，这是吉兆。"孔子的回答不仅让楚昭王长了见识，还让楚昭王在心理上也得到了极大的满足。

后来，陈国也发生了一件怪事，让所有人都觉得匪夷所思。有许多鸷鸟相继掉落在陈国的宫廷前，不久后就死掉了。侍卫们观察后发现，鸷鸟身上被箭穿透了，这箭的箭杆是楛木做的，箭头则是石头做的。陈国人找不到原因，刚好孔子周游列国来到此地，就向孔子请教。孔子回答道："这鸷鸟是从北方飞来的。你们看这支箭，这种箭是肃慎人特有的箭。周武王时期，周朝和周围的各个部落相互来往，这些部落民族都把自己的特产进献给周朝。肃慎人就是献上了这种楛木石箭。后来周武王的长女下嫁给虞胡公（当时陈国还不是一个国家，只是周朝的一个封地，封地的主人叫虞胡公）时，还带了这种箭作为嫁妆。你们要是不信，可以去陈国国库找找，应该能找到这种箭。"陈国君王不相信，就派人去找，结果真的在一个金属匣子里找到了一支肃慎之箭，而且和孔子说的一模一样。

孔子似乎什么都知道，但他并不是天生就如此见识广博。他曾经跟自己的学生说："圣则吾不能，我学不厌而教不倦也。"意思是，我并不是什么圣贤，我只是学习不知道疲倦而已。正是拥有这种学而不倦的精神和毅力，孔子才成为了千古至今首屈一指的圣贤。

👉 人物简介

孔子（公元前551—公元前479），儒家思想创始人。孔子是中国古代非常了不起的思想家、教育学家。"孔子"并不是他的名字，他姓孔名丘，字仲尼。"孔子"是后人对他的尊称，意思是孔先生。孔子在世时就已经被称为当时最博学的人之一，被后世称为圣人、至圣。

 拓展阅读

孔子学琴

孔子在学习方面很虚心，而且十分刻苦。有一次，孔子随师襄子学鼓琴，曲名是《文王操》。孔子苦练了很久，师襄子说："可以了。"孔子却说："我已经掌握了这首曲子的弹法，但未得其数。"又练了很久，师襄子又说："可以了，你已得其数。"可是孔子又说："不可以，未得其志。"又过了相当长的时间，师襄子认为这回真的可以了，但孔子仍然认为自己还弹得不够好。于是，他反复钻研，体会琴曲的内涵，直到在乐曲中感觉出文王的形象，才肯罢休。他的精神深深地感动了师襄子。

 目标课文二：为中华之崛起而读书

周恩来：能言善辩的外交家

周恩来是新中国的第一任总理，他不但学识渊博而且口才出众，富有幽默感，总是一次又一次机智地化解外国人的刁难。

新中国成立初期，外国贵宾来我国访问，周总理作为国家领导人，在中南海宴请外国贵宾。许多美味佳肴都让外宾们赞不绝口。这时候上来一道汤菜，汤菜里的冬笋被技艺

高超的厨师雕刻成富有民族特色的"卐"字。但是笋片在汤里荡来荡去，翻了一个面竟然变成了法西斯的标志"卍"。当时场面很尴尬，但周总理淡定地把笋片翻过来，然后说："这是具有我们民族特色的图案，念'万'，象征着福寿绵长，这是我们对贵宾的祝福。"外宾们听完之后就明白了，一扫刚才的尴尬。这时候周总理又说："就算是法西斯也没关系啊，我们吃掉法西斯！"在场所有的外宾都开心地笑了起来，齐齐动筷，消灭了"法西斯"。

美国国务卿基辛格是一个中国通。他曾经秘密访华，正巧遇上长沙马王堆汉墓发现不腐女尸。基辛格就私底下跟周总理说："尊敬的总理，中国马王堆的不腐女尸太珍贵了，我们国家好多知名的科学家托我用一件地球上没有的东西，和贵国交换不腐女尸身边的一小块木炭。你看怎样？"周总理很好奇美国人会拿什么来换，于是问道："你们准备用什么和我们交换呢？"基辛格说："我们拿月球上的土，这个地球上没有吧？"周总理笑了笑说："原来是用我们祖先的东西和我们交换啊。"基辛格十分意外："你们祖先？你们也登月成功了？什么时候的事？你们怎么不对外公布？"周总理指着桌子上一个嫦娥奔月的象牙雕塑说："我们怎么没公布？五千多年前，嫦娥就飞上了月球，还在月亮上建了个广寒宫。怎么，这些我国妇孺皆知的事情，你这个中国通还不知道？"周总理幽默的回答，让基辛格哈哈大笑。

☞ 素材宝库

周恩来·经典语录

● 今天的现实是不够美满的，但是美满的现实需要我们大家共同去创造。

● 只有忠实于事实，才能忠实于真理。

● 畏惧错误就是毁灭进步！遮掩错误就是躲避真理。

● 一帆风顺是不能磨炼人的。

● 与有肝胆人共事，从无字句处读书。

● 要大家讲真话，首先要领导上喜欢听真话，反对说假话。

● 世界上最聪明的人是最老实的人，因为只有老实人才能经得起事实和历史的考验。

 拓展阅读

否认"神采奕奕"

1961 年，我国正处在内忧外患的多事之秋。周总理出访回国，报纸上写"周总理神采奕奕地走下飞机"。第二天，周总理看到了报纸，叫来秘书说："现在国家遭难，人民受苦，我周恩来凭什么还'神采奕奕'？"他还不高兴地说："自然灾害使人民连肚子都填不饱，我作为人民的公仆，怎么还能'神采奕奕'？"

目标课文三：毛主席在花山

毛泽东：一生与书为伴

毛泽东一生酷爱读书，直到生命的最后一刻都不忘读书。

1947 年的夏天，毛泽东带领同志们行军作战，生活十分艰苦。很

多时候，战士们连水都喝不上一口。有一天，正值晌午，天气十分炎热，队伍来到几棵大树下休息，毛泽东也坐在树下的一块大石头上。此处凉风习习，毛泽东说："这里好，真是应了古人的那句话，'山路风来草木香'！"战士们听不懂毛泽

东在说什么，就问："主席，你说的什么？讲给我们听听啊。"毛泽东挥了挥拿在手里的书，对战士们说："这是辛弃疾的词。"然后详细地将宋代爱国词人辛弃疾的《定风波·山路风来草木香》讲解了一遍，另外还大致介绍了一下辛弃疾的生平事迹。看到战士们都听得很入迷，毛泽东又说："我们光学打枪还不行，还要努力学习文化，学习革命的道理。学了文化，懂得了革命的道理，人就聪明了。"说完，他又埋头在自己的书里了。有个小同志很不解，就问毛泽东："主席，你学问那么大，为什么还要读书啊？"毛泽东摸着小战士的脑袋，笑道："知识是没有边际的，就算再聪明的人，知道的东西也是有限的。"

毛泽东的住处到处都是书，书桌上、衣柜里、床上，甚至连卫生间都是书。毛泽东说："有些人喜欢买书来装点大书柜，但并不读书。书是用来读的，我们闹革命的人，工作那么忙，能抽出时间来读书很难，所以我的书到处都是，随手拿一本，读上一段，很方便啊。"毛泽东的书看似没有规则地杂乱地堆在房间里，但是每本书在什么位置，毛泽东都记得很清楚，信手就能找到。

毛泽东就是这么爱读书，直到去世前的一天，他即使浑身插满了各种管子，还是艰难地拿起一本书读了 7 分钟。直到他离开这个世界的那一刻，他手里的书也没有放下。

 **人物简介**

毛泽东（1893—1976），字润之，笔名子任。中国伟大的革命家、军事家、哲学家和诗人。中国共产党、中国人民解放军和中华人民共和国的主要缔造者和领袖，毛泽东思想的主要创立者。从1949年到1976年，毛泽东是中华人民共和国的最高领导人。他对马克思列宁主义的发展、军事理论的贡献以及对共产党的理论贡献被称为毛泽东思想。毛泽东担任过的主要职务几乎全部称为"主席"，所以被尊称为毛主席。毛泽东被视为现代世界历史中最重要的人物之一，《时代》杂志将他评为"20世纪最具影响力的100个人物"之一。

素材宝库

一本好书，蕴含着丰富的知识和美好的情感。阅读一本好书，就是跨越时间和空间，同睿智而高尚的人对话。古今中外的大家，无不从阅读中汲取营养，同时还留下了不少关于读书的名言。

- 孔子：敏而好学，不耻下问。
- 苏轼：发奋识遍天下字，立志读尽人间书。
- 朱熹：读书之法，在循序而渐进，熟读而精思。
- 郭沫若：读活书，活读书，读书活。
- 培根：读书给人以乐趣，给人以光彩，给人以才干。
- 奥斯特洛夫斯基：光阴给我们经验，读书给我们知识。
- 周恩来：为中华之崛起而读书。

目标课文四：我的伯父鲁迅先生

鲁迅：幽默得要命

　　一说到鲁迅先生，浮现在大家脑海里的形象一定是严肃、端正的，没有人会把鲁迅先生和俏皮、幽默、可亲联系在一起。因为鲁迅先生留下的文学作品，总是让人们把他和"斗士""革命勇士""民主先驱""导师""革命家"这些刚毅的字眼联系起来。也有不喜欢他的人，说他心胸狭隘、睚眦必报，有失读书人的敦厚内敛。久而久之，鲁迅先生在我们脑中就是一个严厉、不通情达理，甚至有点凶的人。

　　但事实上并不是这样的，鲁迅先生其实是一个十分有趣和可亲的人，只是那个特殊时代的政治需要掩盖了他慈爱的一面。有许多曾经和鲁迅先生打过交道的人回忆起来，都说鲁迅先生生前是一个十分幽默、诙谐，喜欢开玩笑的人，一点儿都不死板、顽固、严肃。就连被鲁迅先生责骂过的夏衍都说："鲁迅先生幽默得要命。"可见鲁迅先生并不是一个整天板着脸的老学究。

　　和鲁迅先生一起长大的唐老先生回忆说："鲁迅时常到我家来玩，有时候兴致好，一进屋就在地板上打旋子，几个转身就来到桌子前，轻轻一跃就坐到了桌子上，点上一支烟，和大家开玩笑，嬉笑怒骂，十分风趣。就是那时候和别人打笔杆子仗，他也并不是像我们想象的那样，一本正经、怒气冲冠。"

有趣的语文故事

鲁迅先生还非常喜欢开玩笑，他的朋友川岛结婚，鲁迅先生送上一本书作为贺礼，并在书的扉页上写道："我亲爱的一撮毛哥哥，请你从爱人的怀抱中汇出一只手来，接受这枯燥乏味的《中国文学史略》。"亲昵和淘气溢于言表。

鲁迅先生原本鲜活可爱的形象被世俗的需要磨灭掉了，如果不是一个心态积极乐观、为人和蔼可亲的人，怎么能写出那么多有血有骨有肉的文字，为那个时代的人们树起一根脊梁骨呢！

👉 人物简介

鲁迅（1881—1936），原名周树人，鲁迅是他的笔名，浙江绍兴人，小时候就读于三味书屋。鲁迅先生留一个寸头，浓眉，眼睛不大却异常有神，胡子也十分浓密，常年穿一件简单的中式长衫。鲁迅先生的作品包括杂文、短篇小说、散文，以及翻译作品等。鲁迅先生的文学作品对五四运动之后的中国有着极其深远的影响。鲁迅先生一生著作有500万字，另外还有100多万字的书信。

👉 拓展阅读

1936年10月19日，鲁迅先生因肺气肿病逝于上海。生前，他曾留下遗言：一、不能因为丧事收任何一文钱，但朋友的，不在此例；二、赶快收殓、埋掉、拉倒；三、不要做任何关于纪念的事；四、忘掉我，管自己的生活，倘不，那就真是糊涂虫；五、孩子长大，倘无才能，可寻点小事情过活，万不可去做空头文学家或美术家；六、别人应许给你的事物，不可当真；七、损着别人的牙眼，却反对报复、主张宽容的人，万勿和他接近。

 目标课文五：月光曲

贝多芬：乐坛的巨人

　　贝多芬是德国最伟大的音乐家之一，被世人尊为乐圣。贝多芬在音乐上取得了十分辉煌的成就。

　　贝多芬出生在一个贫苦的家庭里，父亲是一名宫廷歌手，母亲是宫廷厨师的女儿。贝多芬的母亲十分善良，父亲却是一个酗酒成性的人。贝多芬的父亲想把贝多芬训练成一个像莫扎特一样的音乐神童。刚刚4岁，贝多芬就被自己的父亲按在钢琴前弹琴。一旦弹错，父亲就会毫不手软地打他耳光，邻居经常听见贝多芬家里传出夹杂着啜泣声的琴声。尽管贝多芬8岁就已经登台演出了，并赢得了家乡人们的尊敬，但在世界旅行的演出中，他并没有像莫扎特一样一鸣惊人。

　　12岁时，贝多芬开始学习作曲，成为著名的管风琴大师尼福的助手，开始了系统的音乐学习。后来，因为尼福的促成，贝多芬有幸跟随莫扎特学习作曲。最初见到贝多芬，莫扎特想看看贝多芬的演奏能力。贝多芬演奏完之后，莫扎特就预言，这个孩子有朝一日将震惊世界。

在接触了许多优秀的音乐家之后，贝多芬的音乐才能渐渐得到了提高。在 1802 年以后的十年里，贝多芬一直在维也纳不断地探索，他的创作一天天地成熟起来，这十年被后人称为贝多芬的英雄年代。

1800 年首次在音乐上获得空前成功的贝多芬根本预料不到，在接下来的三四年里，耳朵会整日不停地轰响，而且这正是耳聋的前兆。他之后的一生都十分坎坷，听力逐渐下降。45 岁时，他就完全失聪了。贝多芬只能靠谈话册和别人交谈。作为一个音乐家，没有什么能比失聪更可怕了。现在我们还能在贝多芬早期留下的钢琴奏鸣曲中体会到这种痛苦。

1801 年，贝多芬爱上了美丽的朱列塔·圭恰迪尔，还写了一曲《月光鸣奏曲》献给她，可是朱列塔·圭恰迪尔并没有接受贝多芬的追求，而是嫁给了伽仑堡伯爵，这让贝多芬几乎绝望到自杀。经过了很久，贝多芬才从悲伤中走出来，写出了后来令世人称奇的《第二交响曲》《第三交响曲》等优美动听、敲击人类心灵的音乐巨作。

人物简介

贝多芬（1770—1827），德国作曲家、钢琴家、指挥家，维也纳古典乐派代表人物之一。他一生创作了 9 首编号交响曲、35 首钢琴奏鸣曲、10 部小提琴奏鸣曲、16 部弦乐四重奏、1 部歌剧、2 部弥撒曲、1 部清唱剧与 3 部康塔塔，另外还有大量室内乐、艺术歌曲与舞曲。他对后世影响巨大，因此被人尊称为"乐圣"。

 **素材宝库**

贝多芬·经典语录

● 智慧、勤劳和天才，高于显贵和富有。

● 卓越的人的一大优点是：在不利和艰难的遭遇里百折不挠。

● 对你们的孩子要教之以德性，只有德性，而不是金钱，才能使人幸福，这是我的经验之谈。

● 我的箴言始终是：无日不动笔；如果我有时让艺术之神瞌睡，也只为要使它醒后更兴奋。

● 我愿证明，凡是行为善良与高尚的人，定能因之而担当患难。

● 那些立身扬名出类拔萃的，他们凭借的力量是德行，而这也正是我的力量。

● 我要扼住命运的咽喉，它妄想使我屈服，这绝对办不到。——生活这样美好，活它一辈子吧！

目标课文六：跨越百年的美丽

居里夫人：品格高尚的科学家

科学界里誉满全球的女科学家，相对男科学家来说要少一些，但是居里夫人对社会的贡献绝对不逊色于任何一位男科学家。不仅如此，在品格上，居里夫人也堪称世人的楷模。

居里夫人年薪高达 4 万法郎，但她却相当节俭。每次去国外参加科学研讨会，回来时她都会带回很多宴会上的菜单。因为菜单是很厚的卡纸，在背面计算、写物理方程式很方便。她就是如此的"抠门"。居里夫人有一件旧毛衣，穿了二十多年。有一次，一个记者去采访她。在村庄里一家简陋的民舍前，记者看见一个光着脚坐在门口石凳上的妇人，就向妇人打听居里夫人的住所。当这位妇人抬头时，

记者大吃一惊，原来这位衣着简朴的妇人就是大名鼎鼎的居里夫人。

科学是开放的，没有国界的。居里夫人一直秉承着这一点。当居里夫人和自己的丈夫发现放射性元素镭之后，许多国家都来信，希望得知制取镭的方法。彼埃尔·居里非常平静地告诉自己的妻子："要么毫无保留地叙述我们的研究成果，当然也包括制取镭的方法；要么就去申请专利，成为制镭的发明者，也是唯一的所有者。两者只能选其一。"居里夫人说："当然是告诉世界我们的研究成果，这才不违背科学精神。"居里夫人放弃了"专利"带来的一大笔财富，尽管这些钱可以帮助他们更好地完善实验室，在科学上做出更伟大的贡献，这些钱也可以作为遗产，世世代代地传递下去，让自己的子孙衣食无忧，但居里夫人还是毫不犹豫地选择公开他们的发现。

居里夫人一生淡泊名利，她一生取得了各种名誉头衔共117个，奖金10次，奖牌16枚。有一次居里夫人的好朋友到她家去做客，看见居里夫人的小女儿正在玩一枚奖章，而且是英国皇家学会的奖章。朋友很好奇地说："这么贵重的东西，怎么能随便给小孩子玩呢？"居里夫人回答道："我要让我的孩子知道，荣誉并不重要，就像玩具

一样，玩玩就可以了，如果成天守着过去的荣誉，只会一事无成。"

除了勤俭节约、淡泊名利外，居里夫人还有很多优良的品格，比如严谨认真、乐观坚强等。这些优良的品格，让她得到了他人的尊敬，同时也造就了她的成功。

 ## 人物简介

玛丽亚·斯克沃多夫斯卡·居里（1867—1934），世人亲切地称她为居里夫人。她是世界著名的女性物理学家、放射化学家，发现了镭、钋两种天然放射性元素。居里夫人一生前后获得诺贝尔物理奖、诺贝尔化学奖。她的事迹激励了很多妇女，成为许多女性的精神领袖和榜样。

拓展阅读

居里夫人教子

居里夫人一生忙于科学研究，但也没有忽视对女儿们的教育，尤其是品德上的教育：

一是培养她们节俭朴实、轻财的品德。她对女儿的爱，表现为一种有节制的爱，一种有理智的爱。她对女儿生活上严加管束，要求她们"俭以养志"。她教育女儿说："贫困固然不方便，但过富也不一定是好事。必须依靠自己的力量，谋求生活。"

二是培养她们不空想、重实际的作风。她告诫两个女儿："我们应该不虚度一生。"

三是培养她们勇敢、坚强、乐观、敢于面对困难的品格。她常与

子女共勉道："我们必须有恒心，尤其要有自信心。"

四是教育她们必须热爱祖国。尤使她们念念不忘的是，母亲以祖国波兰来命名首次发现的新元素"钋"所表现出来的赤子之情。

第七章
环保卫士

 ## 主题引言

绿色是生命的象征。随着环境不断被破坏，地球上的绿色日渐减少。如果有一天地球上没有了绿色，就没有了绿色植物的光合作用，也就没有了氧气，人类就只能面对消亡了。

所以，在这一危机到来之前，我们要携起手来，做一个环保卫士，一起保护树木森林。其实环保并没有你想象的那么难，做好生活中的一些细节也能收到很好的效果，比如将家里的灯泡换成节能灯，外出吃饭时带上一双便携的筷子，洗完手关紧水龙头……就能减少二氧化碳的产生，保护森林和水资源。同学们不但要自己环保，还应该把环保的意识传递给身边的每一个人，做一名小小的环保卫士，捍卫我们共同的地球村。

历史上与树有关的名人

  对于"植树造林"这个词，我们一定都不会感到陌生。每年 3 月 12 日植树节，很多家长都会带着自己的孩子去公园、郊区参加植树活动。当然，也有很多企业、政府单位组织大型的植树活动。但是，植树造林活动在我国最早的发起时间，相信很多人都不知道。其实，中国近代史上第一次提出植树造林是在 1893 年，发起人则是中国伟大的民主主义革命家孙中山先生。

  这一年，孙中山先生起草了著名的《上李鸿章书》。在这篇文章里，他特别强调了"急兴农学，讲究树艺"对中国发展和强盛的必要性。辛亥革命以后，孙中山先生则选取中国北部和中部进行试点，大规模地开展植树造林活动，为中国农业现代化奠定了基础。1924 年，他还在一次演讲中强调"防止水灾和旱灾的根本方法都是要造森林，要造全国大规模的森林"。

  1915 年，北洋政府在孙中山先生的提议下，将每年的清明节定为植树节。但是因为中国南方的清明节不太适合植树，同时也为了纪念孙中山先生在植树造林方面的功绩，因此将植树节改成了每年的 3 月 12 日，这也是孙中山先生去世的日子。1979 年，新中国第五届全国人民代表大会延续了之前的传统，仍旧将每年的 3 月 12 日确定为植树节。

  历史上与树结缘的名人，除了孙中山以外，还有很多。比如西周名将沙俊其就有一个习惯——每次打了胜仗都会命令全体将士在战场上种树，每人一棵，以纪念自己的战功。三国名医董奉也是，每次治

第七章 环保卫士

好一个人，可以不收钱，但一定要在他房子周围种杏树。普通病人种一棵杏树，重病患者则要种五棵。若干年过去，其房前屋后的杏树居然多达十余万株，被人称为"董林杏仙"。每当杏子成熟，董奉就会将其折换成粮食，赈济贫困的人。除此之外，喜欢植树的人还有唐代的文成公主。相传她远嫁西藏时，带去了长安的柳树苗，并将其种植在大昭寺周围，以此寄托自己对故乡的思念。后来，这些柳树就被称为"唐柳"或"公主柳"。

知识卡片

中国的植树节诞生于 1915 年。新中国建立后，于 1979 年第五届人大常务委员会第六次会议上通过了仍以 3 月 12 日作为植树节的决议。

而世界范围内，最早设立植树节的是美国的内布拉斯加州。该州在 1872 年 4 月的一次园林协会的会议上，有一个叫莫顿的人提出了设立植树节的提议。后来，园林协会采纳了莫顿的提议，将开会这一天，也就是 4 月 10 日定为植树节。60 年以后，也就是 1932 年，世界上首枚植树节邮票发行，其画面是两个儿童一起种树。

拓展阅读

有一次，项羽路过一个村庄，看到村子里有个老人在挥动斧头，准备砍掉院子里的一棵树。项羽好奇，问其缘由。老人说："我家院子四四方方的，就像一个'口'字，你想，口子里面有个木，不就成了'困'字，这样岂不是很不吉利！"项羽觉得树长得这么粗挺不容易，砍掉太可惜了，于是笑着跟老人说："你觉得口中有木的'困'字不好，但是如果你砍掉这树，岂不是口中有人，变成'囚'字了？"老人一听，觉得很有道理，于是便不再砍树了。

目标课文二：燕子专列

古人与鸟的故事

鸟是灵性的生命，是自由的象征。大部分人都爱鸟，历史上，爱鸟的名人也屡见不鲜。比如商朝的开国君主商汤就是一个特别喜欢鸟的人。根据《史记》记载，有一次他穿过一个树林，看到有人在用网捕鸟，于是赶忙下令让捕鸟人撤掉网子，放了已经捕获的小鸟。

商汤之后，还有很多皇帝也是鸟类爱好者。比如元朝英宗在位第三年，他下了一道圣旨，颁布了一条"特赦令"，只是他的特赦令并不是针对犯人的，而是针对鸟儿的。特赦令要求每家每户必须释放笼中之鸟，否则就要受到惩罚。百姓们接到圣旨，都觉得很奇怪，纷纷议论起来，揣测皇帝颁布这道圣旨的原因，甚至有人猜是宫里有大人物生病了，所以皇帝要求百姓释放鸟类以积德祈福。后来人们才知道，原来皇帝这样做，是为了保护鸟儿，维护生态平衡。

除了元英宗，还有一个皇帝也为保护鸟儿做了很大的贡献，他就是宋徽宗。但宋徽宗并不是放鸟，而是招鸟。怎么招呢？就是在汴京的东北角造一个万寿山，为鸟儿提供一个悠闲的生活环境。万寿山是个院子，里面有山有湖，水草丰茂。环境这么好，鸟儿自然喜欢，于是院子造好以后没几年，各种鸟儿就开始来常住了。

　　宋徽宗为鸟儿造园子，陶渊明则为鸟儿植树。说到我们大家所熟知的著名诗人陶渊明，大家一定会想到他脍炙人口的《桃花源记》以及"采菊东篱下，悠然见南山"的名篇。事实上，陶渊明对田园的热爱还体现在他对鸟儿的喜爱上。他在自己的屋子前后都种了许多树，树多了，鸟儿自然就会来栖息了。于是他便和鸟儿们成了邻居。为此，陶渊明还专门作了首诗："孟夏草木长，绕屋树扶疏。群鸟欣有托，吾亦爱吾庐。"真是优哉游哉！

　　提及诗人，就不得不说李白。这位诗仙也是酷爱鸟儿的，尤其是白鹇。公元 753 年，李白出游黄山，得知山民胡晖家里养了一只白鹇。李白很是兴奋，希望用两块美玉去换这只鸟。胡晖得知来人是大诗人李白之后，说什么也要将白鹇赠予李白，当然，也希望李白能留下墨宝，写首诗作为纪念。兴之所至的李白当然高兴，于是提笔便写下《赠黄山胡公求白鹇》一诗流传至今。

　　鸟儿，自古以来就是人类的朋友。保护朋友，是我们义不容辞的责任。

素材宝库

鸟儿·诗歌积累

- 两个黄鹂鸣翠柳，一行白鹭上青天。　　　　——杜甫《绝句》
- 几处早莺争暖树，谁家新燕啄春泥。　　——白居易《钱塘湖春行》
- 双飞燕子几时回，夹岸桃花蘸水开。　　　　——徐俯《春游湖》
- 独怜幽草涧边生，上有黄鹂深树鸣。　　　——韦应物《滁州西涧》
- 花开红树乱莺啼，草长平湖白鹭飞。　　　　——徐元杰《湖上》

拓展阅读

　　苏东坡也是喜欢鸟类之人。有一年，他从四川乘船返京，途中路过涪州，这里的朋友知道他来了，于是送给他一只非常漂亮的鸟儿。对于此鸟，苏东坡是爱不释手。可一想到如果他把它带走，鸟儿便离开了它成长的故土，甚是不忍。纠结再三，终于决定放鸟归山，任它在广阔天地中自由翱翔去了。

目标课文三：一个小村庄的故事

树和自然

　　从太空望向地球，除了蔚蓝的海洋、洁白的云朵外，便是五彩缤纷的大陆了。大陆之上，那黄色的是沙漠、蓝色的是湖泊、白色的是雪山冰川、绿色的则是茂密的森林。

没人能够想象，如果离开了这些葱郁的植物，世界会变成怎样。从我们的祖先有巢氏把人类的家安在树上的那一刻开始，树木就成为人类文明的摇

篮。依靠它们，人类躲避了自然灾害、野兽侵袭，还可以享受阳光、山水的滋润。

当人类文明逐渐发展，人们开始走出森林的时候，树木和人的关系不仅没有因此疏远，反而变得更加紧密了。人类学会了砍伐，工匠们诞生了，他们用神奇的技巧将树木拆解、雕琢成了一个个零件。他们牺牲了树的躯体，却换来了各种奇妙的家具、工具甚至木屋。树不会喊疼，只要根在，它还会重新长出枝丫。就这样，树木用自己的包容和忍耐，塑造了人类社会的另一种文明。

然而，当这种文明开始失控的时候，原本在世界上自然存在的树木、雨林也开始遭殃。它们的面积越来越小，原本属于大树的地方，逐渐变成了城市、田野。而由于对树木的无度砍伐，经过千万年才形成的森林开始遭受到毁灭性的打击……

当然，好在人是智慧的。人类的智慧不仅体现在对工具的运用、对自然的理解上，更在人的自我反省力上。于是有人站了出来，提出植树造林、恢复植被。还有人凭借着自己手中的纸笔和大脑中的才华去歌颂树的美好，去赋予这个绿色生灵更多的意义。比如有人定义了"岁寒三友"，有人把松柏看作是贞洁志气的象征，有人把竹子和君子连

系在了一起……

当然，这只是人类期望和树木和谐相处的一种表现。也许，要所有人都意识到自己和树的关系密切需要时间，但这一天终会到来。而且无论这一天什么时候出现，树木都将继续用它温润、沉默、坦荡的性格包容我们，包容整个世界。

探究乐园

一棵树木的实际身价究竟有多大？印度加尔各答大学的一位教授曾作过科学的计算。一棵中等大小的树木，按生长 50 年计算，其创造的直接与间接价值为：

生产的氧气，价值 31250 美元；

防止空气污染，价值 62500 美元；

保持水土，价值 37500 美元；

增加土壤肥力，价值 31250 美元；

为牲畜挡雨遮风提供鸟巢，价值 31250 美元；

制造蛋白质，价值 2500 美元；

总计：196250 美元。

拓展阅读

热带地区，一年只有一个雨季，而且雨季中雨量较少，例如非洲年降雨量 500~1000 毫米的地区，是一种稀树草原景观。草原上稀稀拉拉地分布着一些较矮的乔木，一般为伞状树冠，其中最著名的要数猴面包树了。这种树树干粗壮，疏松的肉质树干内储存着大量的水分。果实常重达数斤，淀粉质果肉可供食用，因此才有"猴面包"之称。

目标课文四：路旁的橡树

环保卫士——橡树

说到橡树，可能大部分人都会觉得比较陌生。事实上橡树在中国的历史并不短，《晋书·挚虞传》里面就说到："粮绝饥甚，拾橡实而食之。"意思就是说，古代的人在灾荒的时候肚子饿了，就可以找橡树的果实橡子来充饥。这大概是人类认知到关于橡树最早的用途了。随着科技的不断进步和文明的不断发展，人们对橡树的认知也在不断地加深。

比如说橡子，它既然可以吃，是不是也可以用来做别的食物或是饮料呢？经过一些古人的研究发现，橡籽仁拿来酿酒非常好，出酒率很高，100斤的橡籽仁就可以酿出40斤高度白酒，比粮食酿酒要多出三成多，而且成本低廉。不仅如此，橡籽仁酿完酒以后还有其他用处，比如当作猪饲料。除此之外，橡籽仁还含有丰富的植物蛋白，可以用来制作豆腐，做出的豆腐味道更加鲜美。

橡籽仁不仅在餐饮上有价值，还对工业有帮助，比如用橡籽仁磨成的浆液，浓度非常高，而且耐煮性强，不受温度变化的影响，是做布的好材料。

橡树除了果实以外，其本身也具有相当多的价值，比如观赏价值。

别的大叶树木一到秋天，叶子就会快速掉落，比如梧桐树，一个晚上叶子就可能掉一大半。但是橡树则不同，它的叶子会随着时间慢慢改变颜色，初秋时，当别的树叶都已经开始泛黄时，橡树还是一片郁郁葱葱的绿色。慢慢地，树叶才会越变越黄，到了深秋，满树的金叶，煞是好看。而且从变黄到落叶，还要持续数月之久，所以在山林里点缀一棵棵的橡树，会让冬日的景色变得更加丰富多彩。

如今，橡树在全世界都有种植，美国甚至把橡树当作国树。橡树的树根扎得很深很广，可以说有多大的树冠，就有多大的树根，所以它有利于水土保持。更重要的是，橡树很容易成活，不管是在山林，还是在贫瘠干旱的地区，它都可以存活，而且少虫害，不娇气，只要种上，不需要太多时间打理，就可以顺利长成。所以橡树对保护环境、提供鸟儿居住的场所，以及各种食品、工业用品的加工，都非常有意义，是当之无愧的环保卫士！

 **知识卡片**

树木的作用

树木的作用很多，如调节气候、净化空气、防风降噪，防止水土流失、山体滑坡等自然灾害，算得上是人类最好的朋友。

树木是氧气制造厂。1公顷阔叶林1天可以吸收1吨二氧化碳，释放出 0.73 吨氧气。

第七章 环保卫士

树木是粉尘过滤器。当含尘量大的气流通过树林时，随着风速的降低，空气中颗粒较大的粉尘会迅速下降。

树木是杀菌能手。许多树木在生长过程中会分泌出杀菌素，杀死由粉尘带来的各种病原菌。据调查，每立方米空气中的含菌量都不同，百货大楼为 400 万个，林荫道上为 58 万个，公园里为 100 个，而林区则只有 55 个。林区与百货大楼空气中的含菌量相差达 7 万多倍，足见树木杀菌的作用了。

👉 拓展阅读

世界树木之最

世界之大，无奇不有。在植物王国里，也有"高富帅"或者"矮穷矬"，成为这个世界最奇特的一部分。

最高的树：1981 年，人们在非洲发现一棵波巴拉树，树高 189 米，胸径达 43.55 米，是目前世界上最高的树。

最矮的树：生长在高山冻土带的矮柳，高不过 5 厘米。

最重的树：美国加利福尼亚州红杉国家公园中的巨杉，高 83 米，胸径达 11 米，重约 2800 吨，相当于 400 多头非洲象的重量。

最轻的树：美国和中国云南、广西等地的巴沙木，每立方米只有 0.1 吨重。

最粗的树：在地中海西西里岛的埃特纳火山山坡上，生长着一棵栗子树。它的树干直径达 17.5 米，周长 55 米。

最长寿的树：2008 年，在瑞典发现了一棵生长了 7800 年的挪威云杉。它虽然古老，"身材"却很小，高约 2 米，树干直径约 20 厘米。

目标课文五：假如没有灰尘

灰尘——地球的保护伞

周末或者节假日的时候，大家肯定都帮爸爸妈妈打扫过卫生。打扫卫生时，最麻烦的事情是什么？可能有人会说是收拾屋子，有人会说是扫地、拖地，有人会说是擦窗户。也许一百个人，就会有一百个答案。但是有没有人想过，为什么我们要拖地、擦窗户、抹桌子呢？

没错！就是因为有灰尘。

比如你进到一间很久没用的教室，第一感觉就是里面到处都是灰尘，哪怕这个教室的门窗都关得很好。如果有机会，你再打开家里的电器外壳看看，你会发现它们里面的灰尘更多。为什么这些电器放在很干净的家里，也会有那么多的灰尘呢？因为灰尘太细小了，而且可以随气流到处飘动，只要不是完全密封的地方，都有可能存在灰尘。灰尘无孔不入，而且又容易携带细菌，不仅破坏卫生，还对人体有危害。所以，人们都不喜欢灰尘。

但若我们换个角度来看，也许就会对灰尘有另外一种认知。

灰尘不是土，它是由好多物质组成的细微颗粒团，比如粉尘、烟尘、细菌、病毒，甚至是寄生虫卵……这些东西听起来都会让人觉得恶心。但事实上，我们的地球根本就离不开灰尘。比如说，为什么天空看起来那么干净，而且是蔚蓝色的？这都是灰尘的功劳！

我们知道，地球的大气层是由空气、灰尘和水蒸气组成的。在厚度达 900 公里的大气层里，灰尘起到的是反射作用，它能把太阳光中的有害射线反射掉，同时把波长太长或太短的光线也反射掉。而我们头上的蔚蓝天空，就是它反射后的结果。它就像一面镜子，反射掉了一部分太阳的热量，而剩下的这部分正好足够地球上的生命生存。可以想象，如果没有这面"镜子"，地球温度太高，也许有一天就会和其他太阳系的星球一样，成为所有生命都无法存在的不毛之地。

除此之外，我们知道天上经常会下雨。有了水，地上才会有江河湖泊的存在，才会有生命的诞生。这同样是灰尘的功劳——灰尘就像一个个小核，凝结了周围的水珠。当水珠聚集得越来越大，就会往地面落下，这就是我们通常所说的下雨了。

知识卡片

灰尘，是细干而成粉末的土或其他物质的粉粒，或是被化为微细部分的某些物体。细的粉末、灰尘颗粒的直径一般在百分之一毫米到几百分之一毫米之间，是人的肉眼看不见的。人的肉眼能看见的，其实都是灰尘中的庞然大物。

拓展阅读

灰尘是人类健康的大敌，所以人们特别讨厌它；灰尘带着许多细菌、病毒和虫卵到处飞扬，传播疾病。工业粉尘、纤尘能使工人患上各种难以治愈的职业病，过多的灰尘还会造成环境污染，影响人们的正常生活和工作，诱发人类的呼吸道疾病……

目标课文六：只有一个地球

千年井，不反唾

　　人类的诞生历史大概已经有 100 万年了。然而自从人类进入工业社会，地球就开始渐渐改变。现在的地球，已经变得千疮百孔，全球变暖、水土流失、自然灾害频发……地球病了，而导致地球生病的原因，却是才出现不久的人类工业文明。

　　有这样一则古老的故事：古时候，在我国江南的某地，有一个小官吏。一天，他接到一个出差的任务，是到当时的京城去送文件。他骑着一匹马匆匆上了路。傍晚，他歇宿在一个旅馆里。旅馆里有一口水井，井水冬暖夏凉，还有一丝淡  淡的甘甜。小官吏喝着井水，感到旅途的辛劳减轻了不少。这口井为南来北往的人增添了许多美好的回忆。但这个小官吏是个自私自利的人，第二天早上他离开旅馆时，顺手便把马吃剩下的残草败根倒在了水井里。过了一个月左右，小官吏从京城办完事回来，又来到这家旅馆。他赶到这里时，天已完全黑了。经过一天的长途奔波，小官吏感到又累又渴，他便从水井里打水上来喝。由于天黑看不清水桶里的水，小官吏又渴得够呛，喝起水来如同牛饮一样，结果喝进去一根草秆。草秆卡在小官吏的喉咙里，吞又吞不下，吐又吐不出。不一会儿，小官吏就一命呜呼了。而这草秆正是他前次来的时候，倒在水井里的。

第七章 环保卫士

古人为了吸取小官吏的教训，便告诫后人说："千年井，不反唾。"意思是告诫人们不要弄脏水源。我国古人早就懂得了保护水资源、爱护自然环境的道理。

如今，频发的自然灾害，像警钟一样时刻敲击着地球村村民们的心。可是，在GDP还在一路狂飙的年代，种种浪费时有发生，那声声警钟并不能减弱这个时代追求财富的狂热，"千年井，不反唾"的警示，还有多少人能真正坚持呢？

知识卡片

"世界地球日"活动起源于美国。1970年4月22日，美国首次举行了声势浩大的"地球日"活动。这是人类有史以来第一次规模宏大的群众性环境保护运动。1990年4月22日，全世界140多个国家、2亿多人同时在各地举行多种多样的环境保护宣传活动。这项活动得到了联合国的认可。其后，每年的4月22日被确定为"世界地球日"。

探究乐园

据联合国的统计数据，20世纪90年代后，居住在地球上的人口已超过了50亿。统计还指出，如果全球的人口保持1990年的增长水平，人口的死亡率又持续很低的话，预测的情况更令人震惊：到2076年，人口将突破460亿；到2150年，全球人口将达6942.13亿，等于现有全球人口的125倍多。数千年之后，我们的后代将会使地球变成一个人挨人的"人体星球"，也就是说，地球的未来将毁于"人口爆炸"。

科学发现

 ## 主题引言

　　说到科学，有人会认为这是一件很复杂的事情，但实际上它就是我们日常生活的一部分。如果你愿意生活中多花一点心思，那么科学就会离你很近，反之则会很远。

　　有些人认为吊灯就只是吊灯，是一种照明的工具，而有人却根据吊灯摆动的幅度，发明了摆钟；有些人看到天上的月亮，就只是月亮，而有的人却根据月亮的图像推测出地球的整体形状是个球形。是不是很奇妙呢？其实，科学领域中还有更多的神奇在等着你去发现。就让我们马上行动起来，去探寻科学的奇妙吧！

第八章 科学发现

神奇的回声

　　小时候，你是否会因为在空旷的礼堂或者峡谷中遇到回声而感到欣喜不已呢？

　　的确，遭遇回声是一件非常有趣的事情，不过如果你仅仅停留在欣喜这种情绪上，那就太可惜了。因为你已经失去了一次和科学进行近距离接触的绝佳机会，同时也丧失了获得更多惊喜的可能性。

　　回声这个现象在物理学上的解释是"当声音（声波）入射到物体的表面时，有一部分声音会被反射回去"，根据这一定义，回声现象的出现必须要具备两个条件：声源和障碍物。但如果只有这两个条件，就想产生回声的话，也是不够的，因为这两个条  件之间还存在着联系，那就是声源和障碍物之间的距离至少要有 17 米。

　　其实，回声不仅仅是有趣，而且还在我们的生活中有极为重要的现实意义，利用回声原理，可以办到很多单靠人力无法办到的事情。

　　比如说，利用超声波（频率超过 2 万赫兹的声音）在水中所拥有的独特传播优势，人们发明了超声波雷达和声纳，工作人员可以利用这些设备发出的定向超声波和回声的反馈时间，准确地判断出水下的未知情况，测算出目标物的位置和距离。现在这些设备已经成为船舶

113

导航、运行，科技探索和国防等领域必不可少的工具了。

又比如说，回声在检测产品质量上的独特运用。人如果被刀子划伤了，可以很清楚地看到受伤的部位和受伤的具体情况，但对于很多工业产品而言，事情就没那么简单了，一块外表看起来完好无损的钢圈，可能已经不能正常使用，这是很常见的事情。这个时候就可以运用到回声的原理，对产品进行超声探伤。因为超声波可以深入到产品的内部结构之中，对正常质量的产品和有裂纹或杂质的产品做出不同的反应。所以，这项技术已经被广泛地应用于汽车轮胎、玻璃、金属和陶瓷等领域的质量测定上。

再比如说，回声还可以对人类的医疗事业提供很大的帮助。这方面的运用和对产品质量的测定是一个道理，都是利用发射出的超声波在不同器官上的反应来帮助医生找到病根，判断病情，制定下一步的治疗方案。

所以说，回声这种现象不但有趣，还很有用。相信在不久的将来，人们还会发现更多关于回声原理的应用。

👉 探究乐园

估计没有什么比用"聋子的耳朵——摆设"这句俗语来形容蝙蝠的眼睛更恰当了。对蝙蝠而言，眼睛就是一个可有可无、在进化过程中退化的一个器官。但让人感到惊奇的是，蝙蝠在黑暗中的生存能力极强。人们对此进行了深入的研究。研究发现，这是因为蝙蝠拥有一项独特的技能，那就是一种声音频率在 300 千赫 / 秒的生物波，这种从口鼻中发出来的奇特声音可以像雷达一样四处打探，然后将情况传回到蝙蝠的耳朵之中。蝙蝠再用大脑快速分析一下，就马上能确定目标的性质（是自己的天敌还是自己的猎物）和目标的准确位置。同样作为哺乳动物的人类，之所以不具备蝙蝠的夜视能力，是因为人类没有发射高频生物波的能力。而人所发出的生物波一般都在 14 千赫 / 秒以下，根本不具备测控的能力。不过幸好，我们有眼睛。

拓展阅读

英国有一个神奇的男孩，被当地人比喻成"海豚儿童"，他就是萨缪尔•奥德里奇。萨缪尔双眼皆盲，却能够像蝙蝠一样靠回声来"视物"。萨缪尔在走路时嘴巴中经常会发出响亮的"咔嗒"声，因此，许多路人都会感到相当困惑。不过，当人们知道萨缪尔是个盲童，却能轻而易举地绕过停泊的汽车或灯柱，在街上行走自如时，他们几乎都不相信自己的眼睛，同时也相当佩服这个男孩。

目标课文二：太空生活趣事多

"古怪"的太空生活

嫦娥在月亮上是怎样生活的，住在天宫里的那些人又是如何处理自己的衣食住行的呢？这些都曾是孩童们在夏夜乘凉时浮想联翩的内容。但随着科技的迅猛发展，当人们已经有能力登上太空，体验之前只能在想象中实现的生活时，人们就已经知道那只不过是一个神话故事而已。至于真实的"天宫"中的生活是什么样的，就让我们一起去看一看吧。

先来说说太空中的睡觉问题。在地球上，睡觉是一件很简单的事情，只要想睡，把身子往床上一躺就可以了。但是在太空中，这件事可就要麻烦多了。因为太空中没有重力，如果没有什么辅助设施的话，

人睡着之后会到处飘来飘去，很容易出现意外，所以宇航员睡觉的时候必须要钻进特殊的睡袋里才行。

再来说说吃的事。失重环境不仅会对宇航员的睡觉产生影响，也会给宇航员们的进食带来麻烦。做好的饭菜不可能像地球上一样，被整整齐齐地摆在盘子里，因为它们也会像人一样四处飘浮，大家能想象一盘宫保鸡丁放在太空舱里的情形吗？那肯定是花生鸡丁满舱飞。所以为了避免不必要的麻烦，研究人员专门为宇航员准备了一款特殊的食品——牙膏盒食品。这类食物当中既含有人体所需的各种营养成分，又能避免在进餐时食物失重的麻烦，方便又实惠。当然，在宇航员的圈子里，也流行着一些大家交口称赞的明星食品，比如糖衣巧克力豆、冷冻脱水冰激凌、辛辣绿豆、西红柿。

而要说到宇航员在太空中最麻烦的生活问题时，前面提到的吃和睡的问题就都不算是麻烦了。在"天宫"中，想要进行最基本的洗脸、漱口和洗澡，也是相当困难的。因为在地球上能轻易掌控的水，在太空中就完全变了个样，它们轻轻一冲，就能让宇航员不断地翻跟头。所以在洗澡的时候，宇航员不仅要把脚给套住，还得不断吸出脏水，过程十分烦琐。在太空中洗一次澡，宇航员们至少要花费一个小时。

这就是神奇的"天宫"生活，是不是和传说中的场景很不一样呢？

第八章 科学发现

探究乐园

按照一般人的想象，生活在太空的宇航员们在一个和普通人环境大不一样的地方，应该时间观念会很淡薄，生物钟可能也会十分紊乱。

但日本宇宙航空研究开发机构的一项研究表明，这个看法是绝对错误的。他们说，太空中的宇航员不仅没有出现生物钟紊乱的现象，反倒是越来越正常了。这一成果推翻了之前人们普遍的假设，但目前还不知道出现这一现象的原因……有科学家表示，可能是因为太空中受到的干扰更少，所以宇航员们可以更加有规律地生活。不过，这一切都还需要进一步的证据证明。

拓展阅读

生活在地球之上的人们，在娱乐活动还不发达的时候，夜晚仰望天空是一件特别让人开心的事。太空中有什么，那些星星上面又有什么？现在生活在太空中的宇航员也有一个和祖先们类似的爱好，只不过他们不再是从地球看太空，而是从太空中去一览地球的壮美无限。在宇航员的眼里，地球最主要的特点就是多姿多彩。白天，地球大部分是浅蓝色的，而青藏高原地带为一片绿色，阿拉伯大沙漠是褐色，撒哈拉大沙漠又是另一种褐色，从太空中看世界屋脊——喜马拉雅山清晰可见，甚至分得出哪里是森林、湖泊，哪里是平原和溪流。晴天看地球，喜马拉雅山的群峰，覆盖着皑皑的白雪。伊朗的卡维尔盐渍大沙漠，褐色、白色的大漩涡簇拥着红色的圆盘，肆意翻腾，令人神往。而巴哈马群岛则像宝石一般，更是让人心旷神怡。

目标课文三：邮票齿孔的故事

中华第一邮票

1840 年，世界上的第一枚邮票于英国诞生。那么，中国是什么时候独立发行自己的邮票，又是由谁发行的呢？这个问题很少有人知道答案。其实这也难怪，自从 1840 年鸦片战争之后，中国土地上的每一次大变动，都只能看到外国人的身影，邮票也不例外。

1841 年，英国就已经将国内的邮政事业移植到了中国，最早开展邮政业务的是香港地区。之后他们又相继在上海的租界、天津等地区设立邮政机构，还随之发行了"工部大龙"和"海关大龙"两套"信票"（注意不是邮票）。两套"信票"在设计上也很有特点，上面既印着英国女皇，有着浓厚的英国特色，又为了彰显对中国的尊重，加入了龙这个特殊的图腾符号，显得特别滑稽。但是，不可否认，英国这些殖民动作虽然主观上是为了让自己从中国获取更多的利益，但在客观上却起到了促进中国本土邮政事业兴起的效果。

后来，真正属于中国的第一家邮政机构"台湾邮政总局"，在宝岛台湾正式成立了，而促成它诞生的人就是淮军著名将领，台湾首任巡抚刘铭传。

这位来自安徽合肥的军事将领，在危急时刻接到了朝廷的调令，并以兵部尚书的头衔

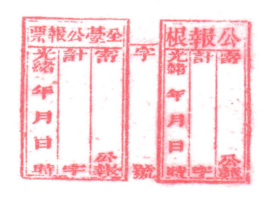

第八章 科学发现

前往台湾，防止蠢蠢欲动的法国殖民者进攻宝岛。刘铭传到台湾之后，不仅积极组织防务，加强战备，还大力发展台湾的经济。另外，他还积极推进包括邮政业在内的现代基础设施建设，所以才有了1888年台湾邮政总局的诞生，中国第一枚自主设计和印刷的邮票正式面世。

刘铭传不仅开设了邮局等硬件设施，还发布了第一个近代商业型邮政管理章程，从软件上确保了邮政事业的健康运行。从此以后，中国人也逐渐放弃了舶来的"信票"称呼，改称邮票。刘铭传也因为对中国邮政事业的重要贡献，被人们尊称为"中国邮票之父"。

知识卡片

邮票，是邮件的发送者为邮政服务付费的一种证明。发送者将邮票贴在信件上，再由邮局盖章销值，用于证明寄邮人已支付费用。邮票的发行由国家或地区管理，是一个国家或地区主权的象征。邮票的正面，常体现一个国家或地区的历史、科技、经济、文化、风土人情、自然风貌等特色，这让邮票除了邮政价值之外，还有收藏价值。邮票也是某些国家或地区重要的财政来源。收藏邮票的爱好叫集邮。世界上最早的邮票是黑便士，中国最早的邮票是清朝的大龙邮票。

拓展阅读

邮票的形状其实没有统一的标准，所以人们可以在集邮册中看到各种形状的邮票。但根据普通的审美标准，人们会对长方形、正方形、三角形等有规则形状更为青睐，各国邮票的发展史也有力地说明了这一点。不过总的说来，大多数邮票的形状还是长方形，因为它和信封似乎有着一种天然的默契，往上面一贴，就能产生一种美感。当然，对美的判断也是有地域文化特点的，比如匈牙利就喜欢正方形的邮票。

目标课文四：玩出了名堂

眼镜的发明

随着近视人群的增多，眼镜也逐渐成为人们生活中必不可少的组成部分。而且随着时代的不断发展，眼镜不断延伸出一些之前并不具备的功能，比如装饰品、遮光、防风、防尘、防雪等。

探究眼镜的发展史其实是一件很有意思的事情，它能让我们直观地感受到科技的脉动和探索的神奇。眼镜的发明首先是和放大镜分不开的。在很久以前，人们就注意到水滴或者一些透明的矿物质可以起到放大的作用。

比如在马可·波罗游历中国的元朝时，就有一些中国老年人用水晶石、紫云英等透明矿物质制成的眼镜看书。不过那时候，由于技术水平的限制，制作一副宝石眼镜需要花费很多的精力，因此价格十分昂贵。而且当时的眼镜佩戴方式也和现在很不一样，由于对人体工程学的认识不够，很多时候都是用线把眼镜吊在耳朵上，加之制作眼镜的原材料质量较大，整副眼镜就显得有些重，戴久了会很不舒服。

在同一时期的欧洲，有一位哲人也在无意之中找到了一种提高视力的方法，他就是培根。他受到透过雨滴能看到更大东西的现象的启发，

用金刚石割开的玻璃球，实现了眼镜的功能。但还是有很多不方便的地方存在。

不过还好，科技的发展会将人们遇到的不方便一个个解决，眼镜也不例外。

1289 年，欧洲的第一副较为正规的眼镜在意大利诞生。到了中国明代时期，有一位叫孙云球的专业技术人员根据自身多年的经验，写下了《镜史》一书，其中不仅提到中国眼镜生产的发源地是苏州，还描述了一套较为先进的验光配镜方法。

进入到 20 世纪，眼镜的发展再次迎来一大转变。先是 1937 年，法国生产出了第一片不怕摔的眼镜镜片，但比较遗憾，这种镜片的使用效果不是很好。后来在 1954 年，这个困扰眼镜行业多年的问题——较高的清晰度与不怕摔之间的平衡，被法国工程师解决了。这位工程师无意中将眼镜镜片和飞机材料联系在了一起，最后研制出了风行至今的树脂镜片。

有了眼镜，我们的生活不再模糊。但我们还是有理由相信，在未来的某一时刻，眼镜终将退出我们的生活。毕竟对大多数人而言，长期佩戴眼镜确实不怎么舒服。只要不舒服，人类就不会停止探索的脚步。

探究乐园

看清楚眼前的事物是一件很幸福的事情，不过从科学的角度来讲，要实现这一切并不简单。因为这其中存在着一个悖论，要想把东西看得更仔细，就必然会下意识地靠近要看的目标，而如果靠得太近，却又会什么都看不到。也就是说，看东西的清晰度和距离之间存在矛盾。要解决这个矛盾其实并不难，只要将一个凸透镜摆在面前就可以了。所以，不要小看那块不起眼的玻璃片，它可能是你人生中接触的最为重要也是最廉价的光学仪器。

 **拓展阅读**

单片眼镜

中国最古老的眼镜是水晶或透明矿物质制成的圆形单片镜。

明代已有西方的眼镜经过西域或南洋传入我国。吴宽在得到友人所赠眼镜后写诗致谢，诗中的描述是"圆与荚荚同，净与云母匹"，用法是"持之近眼眶"。单片眼镜也被称为"单照"，"单照明时已有，旧传是西洋遗法。"（选自《苏州府志》）

 目标课文五：果园机器人

机器人的发明

在开始本文之前，先给大家讲一个故事。在美国的一家医院里，生活着几个机器人。它们形态各异，非常可爱。然而最近它们之间却发生了一些不愉快的事情。因为其中最聪明的一个机器人里奇感觉自己受到了其他同伴的不尊重。每次它和其他机器人碰面的时候，它都会主动和它们打招呼，而其他机器人却对这些善意的礼貌不理不睬。久而久之，里奇就生气了。它想：既然你们不理我，那我也不理你们，我每天可是有很多事情要干，帮病人量血压，测体温，送东西，忙得很呢，谁愿意搭理你们。

其实，里奇错怪了它的同伴们，不是它们瞧不起它，而是它们根本就不能理解里奇的动作。因为它们的智能水平还停留在一个较低的层次上，无法处理较为复杂的信息。通俗一点儿讲，就是里奇和它们根本不在同一条起跑线上。

计算机发明之后，机器人的发展经过了好几个阶段。从 20 世纪 60 年代很简单的机械操作手到现在智能水平越来越高的人形机器人，其间发生了很多的变化。

早期的机器人完全不具备思考和分析的能力，它们只是一种机械工具，一种不怕痛、耐高温、耐寒、可以连续工作的机械工具。从这个角度讲，它们还不能称之为机器人。

而经过一段时间的发展之后，人类在这些机械工具上安装了越来越多的传感器和控制芯片，它们开始具备一定的数据收集和分析能力，但还是多处于条件反射阶段，也就是说，它们还只能按照简单的程序指令执行任务，无法处理复杂的信息。

现在，机器人不但在外形上和人越来越像，而且在处理信息的能力上也有了大幅度的提高。因为它们的身体内安装了功能十分强大的中央处理器，可以根据不同的情况做出自己的分析，然后采取不同的措施予以应对。所以，当你看到一个机器人在手术台旁认真地做手术时，一定不要感到惊讶，或者怀疑它们的能力，实际上它们有可能比人类做得更好。

还是回到里奇身上来吧。估计过不了多久，它也会像被自己误解的那些早期机器人一样，被新一代的智能机器人误解，因为它也会和它们产生代沟，不能理解它们的行为模式。而且这一天并不会太远，因为这个世界的科技实在是发展得太快了。

 知识卡片

为了防止机器人伤害人类，科幻作家阿西莫夫于1940年提出了"机器人三原则"：1. 机器人不应伤害人类；2. 机器人应遵从人类的命令，与第一条违背的命令除外；3. 机器人应能保护自己，与第一条相抵触者除外。这是给机器人赋予的伦理性纲领。机器人学术界一直将这三原则作为机器人开发的准则。

拓展阅读

用一种东西把自己从繁重的体力劳动中解放出来，这一直是千百年来人类的梦想。诸葛亮所造的木牛流马就是一种这样的工具，可毕竟那只存在于小说之中，没有谁能够去考证。但在1961年，美国人却实实在在地造出了这样一架机器，它虽然看起来很简单，只有几个大小不等的机械臂，操作也很简单，但具有很大的意义。让我们记住这两个极具创新精神和商业头脑的"世界工业机器人之父"——英格伯格和德沃尔。

目标课文六：月球之谜

月球的身世之谜

　　月亮是我们生活中最常见的伴侣，它不仅为黑暗的夜晚带来光明，还寄托了人类诸多的情感，有爱情（月亮代表我的心），有亲情（举头望明月，低头思故乡），有哲学感悟（今人不见古时月，今月曾经照古人）。月亮就像一个不老的智者一样，默默地俯瞰着芸芸众生。

　　如此无私的月亮是从哪儿来的呢？这个问题几乎从人类有思考能力那一天起就开始纠缠着我们。在长期的探索过程中，人们提出了四种关于月亮来源的假设。

　　一是分裂。这个说法由来已久，讲起来也比较好理解，就是说，月球原本和地球是一个整体，但是后来地球转动的速度越来越快，一不小心，就甩出去了一部分。而根据月球的质量来推算，很有可能甩出去的那一部分就是现在的太平洋。原有的陆地被抛走之后，太平洋就被海水给填满了。不过，这种说法现在遭遇了很严重的质疑。因为据科学家证实，地球既不可能将那么大一块物质甩出去，更不可能甩出去的部分的物质成分还和地球其他部分完全不同。

　　二是俘获。有人认为，月球是因为一次意外被地球的引力给控制住了，以后就一直都没能够摆脱控制。就像是一只被猎人抓住的小鸟，被关在了笼子里，一直都飞不出去一样。也有人认为，月球之前并不是一个整体，它是由众多被地球抓住的微小天体逐渐融合而成的产物。虽然这两种假设稍有不同，但出发点却是一致的。所以人们把它们放在了同一个假设之下。不过这两种说法也有些站不住脚，因为就月球的体积而言，地球恐怕没有那么大的力量能将它俘获。

第三种假设是同源。持有这种观点的人认为，月球和地球就像双胞胎一样，本来都在成长的过程中，不过地球成长的能力更强一些，所以地球就先成形了。而月球能力有限，成长得比较慢，就只能是当小弟弟了。遗憾的是这种看起来很人性化的解释也受到了科学数据的质疑，因为据月球上采集到的标本，已经证明月球有超过70亿年的历史了。而这个数字要远远高于地球，要说小弟弟，也只能是由地球来担当了。

第四种假设是碰撞说。这种假设考虑到了前三种假设的各种优缺点，认为在太阳系形成早期，地球和一个火星般大小的天体也在各自慢慢地成长，但两者的物质构成有些差异，一个是以铁为主的金属核，另一个是以硅酸盐组成的幔及壳为主。但后来发生了一场意外，两者之间遭遇了一次大的互相撞击，原本在同一平面内的两个成员被撞开了，而且其中的一个还被撞碎了，碎片和尘埃在另一个的轨道附近聚集，然后不断沉积，最终形成了月球。

目前，第四种假设获得了一些科学证据的支持，有希望在未来解开月球的形成之谜，让我们拭目以待吧！

👉 **知识卡片**

大裂谷给人最直接的感觉无疑就是壮观了，月球也不会错过让人类惊叹的机会。想象一下，一条长达130公里，宽10公里左右的裂谷会给人带来怎样的感觉。如果你到过东非大裂谷，你就会明白那意味着什么。是的，这个神奇的存在就位于月球柏拉图环形山的东南部，它就是月球上的阿尔卑斯大月谷（即地球上的大裂谷）。月球其实和地球一样，也有很多沟壑纵横的地质构造，至于其形成的具体原因，科学家还在进一步的研究之中。

探究乐园

　　通过卫星拍摄的照片，我们可以清晰地看到一个人脸寂寞地躺在月亮之上。自从发现这个现象之后，各国科学家就开始了十分细致的研究。美国俄亥俄州立大学的研究人员称，人脸的形成只是一个偶然。大约 40 亿年之前，两颗小行星先后撞到了月球上，前一次是正面的冲撞，巨大的力量直接让月球的另一侧隆起。而另一次撞击则恰好相反，又把隆起的那一部分给压下去了。如此剧烈的拉伸，直接导致月球内部的岩浆不断地喷涌而出。岩浆在月球表面冷却之后，成为黑暗的"月海"。而这一个个月海组合起来，恰巧形成了一幅巨大的人脸图。

第九章
寓言神话

 主题引言

　　寓言和神话故事不仅在我们成长的岁月里给我们带来了很多乐趣，也教会了我们许多做人的道理。《龟兔赛跑》的故事教会我们，做事情不怕能力不足，就怕态度出现问题，因为只要态度端正了，即使是跑得慢的小乌龟，也能到达终点；《拔苗助长》的故事让我们知道，做事要一步一步来，要从实际出发，如果不按照事物的客观规律办事，一味地追求速度，最终的结果往往都是适得其反；《阿里巴巴和四十个大盗》的故事则让我们看到了阿里巴巴的善良和智慧……

　　还有许许多多的寓言、童话、神话故事在我们幼小的心灵里生根发芽。美丽的寓言神话故事，带给我们的童年无限的乐趣和憧憬。

目标课文一：坐井观天

"坐井观天"和"井底之蛙"

我们都读过《坐井观天》这篇寓言。《坐井观天》是坐在井底看天，比喻眼界小、见识少的意思。这个成语出自于唐代文学家韩愈的《原道》："坐井而观天，曰天小者，非天小也。"意思是说坐在井底看天，说天很小，其实天并不小，而是自己的见识少。

读完这个故事，不由使人想起另外一个与此相类似的成语故事"井底之蛙"来。"井底之蛙"的故事出自于战国时期的《庄子·秋水》，故事大约是这样的：

有一只青蛙从出生起就住在一口井里，它从来没有离开过这口井。在这只青蛙看来，这口井就是整个世界了，天空就是井口那么大，而它自己是井里的主人，因此也是这个世界的主人。所以，它非常喜欢这口井，井里的世界在它眼里是最精彩的。

有一天，一只非常大的鳖从东海而来，路过青蛙的井口。青蛙就对鳖说："鳖啊，听说你从东海来？你要不要下来看看我的井啊？这里太好了，太大了。你看我多自在啊，我想游泳的时候，井里就有这么多清凉的水供我游泳；我想散步的时候，井里也有许多泥可以供我散步。而且这里很大，可以住下很多动物，不过我的这些邻居，蚯蚓、蝌蚪、螃蟹，都不如我。你要不要也下来看看，如果觉得这里不错的话，也可以在这里住下来。"鳖听了之后，也觉得青蛙的井里还不错，想下去看看。

可是当鳖的一只脚踏进井里，刚想把另外一只脚迈进来，就被卡住了，因为井太小了，鳖根本进不去。鳖只好放弃下去看看的想法，对青蛙说："青蛙啊，你见过大海吗？大海才是真正的大，大得没有边界；大海非常深，深得游不到底。几千年来，不管是干旱还是洪涝，都不会影响到大海，大海的水依旧那么深，大海也依旧那么无边无际。大海里的鱼、虾等也是多得数也数不清，住在大海里，那才是真正的幸福啊。"青蛙听得傻了眼，它从来都不知道也不相信这个世界上还会有比它的井还要大还要深的地方，它认为鳖一定是嫉妒它生活的环境，才骗它的。是呀，青蛙怎么可能明白鳖的话呢，因为在它的眼里，它的井就是整个世界了，跟它讲大海的宽大和深邃，那不就像是跟那些只生活在夏天骄阳下的虫子讲述冬天的寒冷一样吗？

现在人们常用"井底之蛙"来比喻眼界狭小的人；用"井蛙不可以语于海"和"夏虫不可以语于冰"来比喻对愚昧无知、眼光狭浅的人讲不通道理。这些典故对我们来说不是很有启发吗？

👉 知识卡片

尽管青蛙似乎有家族性"小见识"遗传的毛病，但青蛙却是实实在在的捉害虫的能手。青蛙能够成为害虫的天敌，这与它舌头的奇特结构是分不开的。青蛙的舌根长在口腔的前面，舌尖向后，还分岔，上面有许多黏液。只要小飞虫从身边飞过，就猛地往上一跳，张开大嘴，快速地伸出长长的舌头，一下子把害虫吃掉。除了特殊的口腔构造外，青蛙的眼睛也很奇特。如果一只虫子趴在青蛙眼前一动也不动，即使趴上一整天，青蛙也不会发现虫子。原来青蛙的眼睛只能看见动的东西，看不见静止的东西。

 阅读感悟

　　两千多年前的庄子就明白坐井观天的道理，确实难能可贵。典故里蕴含着深刻的哲理，对我们很有教育意义。自然是伟大的、无穷的，相比之下，个体是那么的渺小。自然界有太多我们未知的东西。人只有深入自然去观察，才能增加知识，变未知为已知。另一方面它又警示人们，即使有了一些知识和本领，也要谦虚谨慎，切不能坐井观天，自以为是，以免贻笑大方。

 目标课文二：盘古开天地

大禹治水少不了的帮手

　　很多很多年前，黄河时常发洪灾，黄河沿岸的百姓吃尽了洪水的苦头。直到后来，经过大禹十几年的努力，终于把黄河整治好了。大禹也成为众人称颂的英雄。但俗话说，一个好汉三个帮，大禹如果没有河伯冯夷的河图，可能还治不好黄河之水呢。

　　当时在华阴有个叫冯夷的人，这个人很懒，每天不好好种地，就想着当神仙。他听说，只要喝100天水仙花上的露水就可以成仙，于是他就扔下家里的农事，四处去找水仙花。经过多年的寻找，他已经

喝了99天的水仙花露水，还差一天就可以成仙了。这个时候，他来到黄河边上，准备渡过黄河去河对岸找找有没有水仙花。就在这时，黄河水泛滥，冯夷被淹死了。

眼看自己就要得道成仙了，没想到在最后的关头让黄河给淹死了，冯夷非常气愤，于是就到玉帝面前告了黄河一状。玉帝见冯夷都喝了99天的水仙花露水，也该成仙了，确实死得冤枉。再者，黄河也确实比较猖獗，是该找个人去管管了。于是玉帝就对冯夷说："冯夷，我让你成仙做河伯好不好？你去好好治理一下黄河，不要再让它危害百姓了。"冯夷一听，有这么好的事，又可以做神仙，还可以好好教训一下黄河，马上就答应了。从此冯夷就当起了河伯。

可是冯夷刚成仙，没有什么道行，也没有什么法宝，要怎么整治黄河呢？他听说要整治黄河，就要先画出黄河的河图，于是他就回到他的故乡去找乡亲们帮忙。可是村里的人都嫌弃冯夷以前好吃懒做，没人愿意帮助他。只有一个姓后的老汉愿意帮他一起去画河图。

从那以后，冯夷就和后老汉一起，从黄河的入海处开始，沿着黄河一路走向其源头，绘制河图。几年过去了，绘制河图这样烦琐和辛苦的工作把后老汉击垮了。后老汉生病了，不能陪河伯冯夷画河图了。后老汉回家前不断叮嘱冯夷，河图一定要画下去，不可以半途而废。看到后老汉一路的辛苦和他苦苦的叮嘱，冯夷一改以前做人时懒散的秉性，将画河图的工作继续干了下去。冯夷把黄河的每一道缺口和哪里需要加固堤坝、哪里要改道，都标得很详细。等河图画好的时候，冯夷已经老得治不了水了。他听说有个叫大禹的年轻人准备治理黄河，就天天在黄河边上守着，要把河图传给这个年轻人。

又过了很久，冯夷一直没有找到大禹。直到有一天，冯夷看到后羿背着一张大弓在追逐着什么。冯夷不认识后羿，也没见过大禹，但是看到后羿像是个年轻有为的好青年，于是上前问道："年轻人，你是大禹吗？"后羿撒谎说："是啊，我就是大禹啊！"冯夷就掏出自己腰间的河图，准备交给后羿，没想到后羿居然拉弓射瞎了冯夷的一只眼睛。冯夷很生气，心想我好心好意准备把我的毕生心血交给你，帮助你治理黄河，你竟然这样对我，于是就准备撕烂河图。就在这个时候，大禹出现了。大禹制止了冯夷，还给后羿讲了冯夷画河图的艰苦历程，后羿很感动，马上向冯夷道了歉。后羿说，他爷爷是因为以前跟冯夷一起去绘制黄河河图才病死的，所以刚才那么对冯夷。冯夷见后羿是后老汉的后人，也就原谅了后羿，把河图交给了大禹。

有了河图后，大禹经过十多年的努力，终于制服了黄河之水。

👉 **探究乐园**

大禹是夏朝的第一位天子，后人因此也称他为夏禹。在神话故事里，后羿和大禹见过面，但实际上后羿和大禹是两个时代的人，他们根本不可能见面。历史上真的有后羿这个人，只是不是上古神话里射日的那个后羿。后羿是夏朝的第六任天子，所以后羿和大禹也不可能见过面。由于后羿是篡夺他人的帝位，所以民间隐晦地说他是射日，其实是射"权"。

拓展阅读

　　古代很多有趣的神话故事其实都是后人根据真人真事改编的，后羿就是其中之一。后羿生活的那个年代的帝王荒淫无道，后羿是当时有穷氏的首领，他带领自己的军队夺取了帝位。但是当上帝王的后羿疏于朝政，每天只知道打猎，把政事都交给了他的家臣寒浞。寒浞竟然趁着后羿不注意的时候，杀死了后羿。而后羿的妻子嫦娥也被打入了冷宫。这就是后来传说的神话故事——嫦娥奔月。

目标课文三：神笔马良

黄山与"梦笔生花"

　　"梦笔生花"坐落于黄山北海景区的散花坞内，海拔1600多米，孤峰耸立。由于孤峰上部的1/3处横裂，裂缝以上部分渐圆渐尖，形如蘸满浓墨的笔尖，而下部2/3的石柱恰似笔杆。"笔尖"上长着一棵盘旋曲折的古松，松枝伸展，犹如盛开的花，因此而得名。传说古代的文人墨客，只要到散花坞一游，观摩完"梦笔生花"之后，就会才思敏捷，做文章时下笔如有神相助。

　　据说，黄山的"梦笔生花"的由来和李白有关。当年，诗仙李白出走京城，云游四海。有一天，他来到黄山，看到北海的山峰景色优美，怪石嶙峋，禁不住诗兴大发，便对着苍天高声吟唱："黄山四千仞，三十二莲峰；丹崖夹石柱，菡萏金芙蓉……"李白的声音惊动了对面狮子林禅院的住持长老。长老走出山门，看见一位白衣秀士，风度潇洒，飘然若仙。长老凭借多年的阅历，看出此人必定不凡，于是走上前一问，此人竟是"长安市上酒家眠，天子呼来不上船"的李谪仙。长老大感惊讶，赶紧叫来小和尚打水扫地，把李白迎进寺庙。来到寺庙中，长老让小和尚抬来山泉酿制的美酒，自己以茶代酒，和李白对坐而饮。两人相谈甚欢。正所谓酒逢知己千杯少，李白和长老如多年未见的老友般畅谈诗书，非常开心。临走时，李白为感谢长老的厚待，准备以自己的诗书相赠，以作答谢。长老大喜，于是命小和尚们赶紧备纸研墨。李白端起桌上的美酒，一饮而尽，乘兴在纸上草书。写完之后，李白心中十分畅快，将笔向空中一扔，就向长老告别了。等送走了李白，长老回头一看，大吃一惊，刚刚李白抛出去的那支笔，竟然已经化作了一座石峰，笔尖化作了一颗古松，屹立在散花坞里。这就是我们后来看到的"梦笔生花"。

👉 人物简介

李白（701—762），字太白，是我国文学史上继屈原之后又一伟大的浪漫主义诗人。他与现实主义诗人杜甫并称"李杜"。李白祖籍陇西成纪（今甘肃天水附近），先世在隋末因罪徙居中亚。他诞生于中亚的碎叶，五岁时随父迁居四川彰明县的青莲乡，故自号"青莲居士"。

 素材宝库

李白·诗歌积累

- 长风破浪会有时，直挂云帆济沧海。《行路难》
- 抽刀断水水更流，举杯消愁愁更愁。《宣州谢朓楼饯别校书叔云》
- 燕山雪花大如席，片片吹落轩辕台。《北风行》
- 天生我材必有用，千金散尽还复来。《将进酒》
- 人生得意须尽欢，莫使金樽空对月。《将进酒》
- 两岸青山相对出，孤帆一片日边来。《望天门山》
- 孤帆远影碧空尽，唯见长江天际流。《黄鹤楼送孟浩然之广陵》
- 飞流直下三千尺，疑是银河落九天。《望庐山瀑布》
- 三山半落青天外，二水中分白鹭洲。《登金陵凤凰台》
- 仰天大笑出门去，我辈岂是蓬蒿人。《南陵别儿童入京》

目标课文四：女娲补天

女娲造人

女娲到处游玩。她爱爬山，也喜欢在水里游泳。

闲下来时，她就长时间地看着那些树木花草、鸟兽虫鱼。她和它们说话，它们虽能听懂她的话，却不肯把自己的想法说给她听。

女娲觉得自己很孤单，就顺着黄河的岸边走。她洗脸时，看见了自己的倒影。突然间，她有了主意，为什么不做一些和自己长得一样

的人呢？

女娲用石块在河边挖了泥，又用一双大手从黄河里掬来水。她用水和起了泥。泥和好了，她就捏起了小人。小人一排一排地站在那里。他们愣愣的，不说话，也不笑。

女娲说："你们怎么不动呀？怎么不讲话？这样多没劲！"

可那些小人还是那样站着。女娲想了想，有主意了。她把这些小人排成了两排，分站在她的两旁。女娲对着一排小人吹了一口阳气，这些小人儿便成了强壮勇敢的男人；她又对着另一排小人吹了一口阴气，这些小人就变成了温柔美丽的女人。

女娲对他们说："你们都找一个自己最喜欢的人在一起生活吧，这样你们就不会孤单了。"

于是小人们便都找起了自己最爱的人。男人和女人牵着手，他们走了。女娲看着这一对又一对男女走向大山，走向海边，走向田野，她开心地笑了。

女娲感觉累了，便躺下来睡了一觉。一觉睡醒了，她睁开眼，看见一对男女带着两个孩子在玩耍。

女娲认出了男人和女人，但不认识那两个小孩，便问："这两个孩子是谁？我不认识他们呀。"

"他们是我们结婚后生的儿子和女儿呀。"说完，男人和女人就把孩子抱起来给女娲看。

女娲仔细看了，笑着说："这两个孩子真可爱！"

女娲又开始四处旅行了。她发现世界变得更热闹了，到处都有忙碌着的男人和女人，这些人比自己造出来的人多了许多。

探究乐园

　　女娲造人的神话，反映出早期人类社会的生活状况。众所周知，人类历史上存在着母系氏族时期，当时妇女在生产和生活中居于重要地位，子女只认得母亲，不认得父亲。女娲造人的神话，并非纯粹杜撰，而正是早期血缘时代之母系社会中女性占据社会生产主导地位的反映。

拓展阅读

　　相传女娲在补天之后，开始用泥造人，每造一人，便取一粒沙作计，最终成了一颗硕石。女娲将其立于西天灵河畔。此石因其始于天地初开，受日月精华，灵性渐通。不知过了几个春秋，只听见天际一声巨响，一石直插云霄，顶于天洞，似有破天而出之意。女娲一见，大惊失色，于是急施魄灵符，将石封住，心想自造人后，独缺姻缘轮回神位，便封它为三生石，赐它法力三生诀，将其三段命名为前世、今生、来世，并在其身添上一笔姻缘线，从今生一直延续到来世。

目标课文五：夸父追日

后羿——远古的抗旱英雄

　　在上古神话中，后羿是一位抗旱的大英雄。据说，在尧时期，天上有十个太阳。这些太阳本来应该轮流到天上值班的，谁知太阳太调皮了，竟然经常同时出现在天上。当太阳一齐出现在天空的时候，地上的温度就会升高很多，地上的江河都干涸了，森林也燃起了熊熊大火，地上的百姓因此吃了不少苦头。

尧为此很苦恼，他只好祷告上苍，希望天上的神仙能帮忙。但是太阳都是天帝的儿子，所以天上的神仙们看着十个太阳，也都束手无策。这个时候，天帝只好忍痛派后羿到人间去。后羿来到人间，看到人间生灵涂炭，心中怒火难消，拉开了自己那张大弓，对准太阳"嗖嗖嗖"地射去。一会儿天上就只剩下一个太阳了，后羿继续拉弓，还想把剩下的一个也射下来。这个时候尧赶紧拉住后羿，说要留下一个太阳，不然地上的生物也没法生存。就这样，天空中就剩下了这个每天东升西落的太阳照耀大地。这就是著名的"后羿射日"的故事。

后羿射日，立下了非常大的功劳，天帝对他青睐有加，本想把后羿召回天上委任重要的职务。谁知道这竟然引起了其他神仙的嫉妒，其他神仙就在天帝面前进献谗言，使得天帝开始慢慢地疏远后羿。最后，后羿就被永远地留在了人间。

除了后羿，传说中还有一个叫夸父的人也是抗旱英雄。他曾经不知疲倦地追着太阳，要找太阳兴师问罪。但是，也有人认为夸父并不是抗旱英雄，而只是一个自不量力的人，竟然妄想追上太阳。其实夸父并不是个不自量力的人，他是一位具有探索精神的人，他象征着人类的求知欲。从最初的人类直到现在，我们都一直像夸父一样，对于未知的世界充满了好奇心，什么事情都想去一探究竟。也正是因为人类的这种好奇心和求知欲，才有了今天的文明。夸父确实称得上是人类探索道路上的先驱者。

 **人物简介**

　　夸父，中国古代神话人物，传说他非常善于奔跑。夸父是一个巨人，他的耳朵上有两条黄蛇穿过，手里也拿着两条巨大的黄蛇。夸父想知道太阳是什么样子的，就一直追着太阳跑，追了不知道多久，才追到太阳。可是还没有走近太阳，他就被太阳烤得渴得受不了。于是他就趴在河里喝水，竟然把整条河里的水都喝干了，可还是口渴。就这样，他被太阳活活烤死了，而他手里的黄蛇就变作了桃树。

拓展阅读

巨灵劈山

　　很早很早以前，太华和少华这两座大山是连在一起的，黄河流到这里的时候，被它们阻挡了下来。因为冲不开这两座大山，黄河的水也只好曲曲折折地绕着弯流淌着。

　　黄河的河神巨灵看到这情景，决心把这座大山劈开。于是他用他的那双大手一使劲，便掰开了华山的顶端，再用一双巨足一跺，便踏开了华山的底部。从此，太华山和少华山就这样从中间分开了，黄河翻着巨浪从两山间流过去。据说，至今在西岳华山的顶峰，还可以看见巨灵掰山时留下的手印，上面的手指和手掌印还清晰可见。在河东的首阳山下，也可以看见巨灵双脚踏山时留下的足迹。

第十章
历史星空

 主题引言

　　滚滚长江水，年复一年荡涤着历史的尘埃，纷飞飘散，不知所终。回首峥嵘岁月，乌江水边是否还有萧萧马鸣，荡剑长歌的回响？卧龙岗上是否还有一处茅庐、三分天下的流传？

　　过去了，过去了，八千江东子弟过去了，带领八千子弟的大哥也过去了。刘备过去了，曹操过去了，诸葛亮也过去了。一切的一切都过去了，这些人太过吝啬，甚至连一块可以证明他们身份的骨骸都没有留给后人。他们的身后，只有传说，只有雄图，只有厚重而深沉的纷纷扰扰，只有用之不竭的智慧宝库。这就是历史！

目标课文一：司马光

司马光与《资治通鉴》

　　朋友们，还记得那个砸缸救小伙伴的司马光吗？他已经长大了，长得就像历史一样，朴实，坚韧，厚重。

　　司马光的一生，有两大亮点：一是用不到十九秒钟的时间想到用砸烂水缸的方法救出遭遇意外的小伙伴；二是用整整十九年的时间编制出历史巨著《资治通鉴》。前者直接拯救了一个小伙伴的生命，后者则因为其中所蕴含的历史智慧而间接地拯救了不计其数的人。

　　说起这部经典的历史巨著，司马光早在他30多岁的时候就已经有了编写这部书的愿望。而当时的政治环境是以改革派为主流的，改革派得到宋英宗和宋神宗的支持和认可，作为保守派的司马光知道自己在政治上不可能有更大的成就，于是想到了完成自己编写史书的愿望。

　　虽然当时的最高统治者宋英宗和宋神宗都不认同司马光的政治观点，但是他们对于司马光正在编写的历史巨著却极为肯定。宋英宗在看到司马光送交的前八卷内容后，准许了司马光选择和组建自己的团队继续编写史书，并提供了相应的帮助。到了宋神宗时期，宋神宗不仅为司马光编写的史书赐名《资治通鉴》，还成立了一个编书机构，并把自己个人收藏的几千册图书都送给司马光使用，以方便司马光工作的正常进行。

　　司马光在得到最高统治者的肯定后，也就安安心心地开始了这份工作。他和自己的助手在浩如烟海的史料中摸爬滚打，不仅详细比对了各种正史资料，还对超过300种的其他历史著作做了深入的考证，以尽量确保不为一家之言所蒙蔽，旁征博引，深入浅出，结构严谨而又不呆板，文字精练而又内容翔实。《资治通鉴》记载了战国时期公元前403年到五代时期公元959年之间漫长的历史，据说它的原稿堆放了整整两间屋子。

近千年的历史证明，《资治通鉴》和《史记》一样，都是我国史学上的瑰宝。它不仅为统治者提供了"资治"的借鉴，也给人类的进步提供了借鉴。毫无疑问，这些成果的取得是和司马光的艰辛努力分不开的，司马光对于我国文明发展的贡献也是谁都不能磨灭的。

👉 人物简介

司马光（1019—1086），北宋政治家、文学家、史学家，历仕仁宗、英宗、神宗、哲宗四朝，身后追赠太师，封温国公，谥文正。他主持编纂了中国历史上第一部编年体通史《资治通鉴》。司马光为人温良谦恭、刚正不阿，其人格堪称儒学教化下的典范，受到后人景仰。

👉 拓展阅读

司马光的"警枕"

司马光在历史上流传千古，很大程度上是因为他主持编纂了史学巨著《资治通鉴》。而他能够主持编纂出这部巨著，和他勤勤恳恳做学问的态度和朴素简单的生活态度有很大的关系。

在司马光早期的学习过程中,他一直都是最努力、最勤奋的那一个。自从着手编纂《资治通鉴》之后,他更加严格地要求自己。为了加快编纂的速度,司马光每天都要工作很长的时间。在他住的地方,除了图书和卧具,就没有其他的东西了。而他的枕头,则是用圆木制作的,当十分疲惫需要休息的时候,他就会枕在圆木上睡一会儿。因为圆木是很容易滚动的,只要稍微动一下它就会滚走了,睡觉的人也就会被惊醒。司马光把它叫作"警枕",其目的就是为了时时提醒自己,不要浪费光阴。

目标课文二:一幅名扬中外的画

张择端与《清明上河图》

现藏于北京故宫博物院的《清明上河图》,从艺术价值的角度来讲,堪称国宝。而北宋画师张择端创作这幅名作的前前后后,更是值得当世的我们深思。

北宋徽宗年间,都城东京(今河南开封市)是当时世界知名的大都市,加上漕河四方通达,各地物资在此周转集散,商业异常繁荣。街头人口众多,勾栏酒肆之间,来来往往的各色宾客,姿态各异,好不热闹。这里真正诠释了什么叫作熙熙攘攘。而当时在东京相国寺谋生的民间画师张择端,每日恰好就是和这些街头胜景同声相应,同气相求。他曾经对寺中的同伴夸下"海口",说能够将整个东京的盛世景况完美地搬上画纸,不过当时也没几个人将这话放在心上。

也许是机缘巧合，有一天，诗、书、画三绝的宋徽宗来到了相国寺，听说有一个绘画技术出色，也很有想法的青年画师住在寺中，便派人把张择端找来谈话，两人相谈甚欢。宋徽宗对张择端想要把东京繁荣的景象搬上画纸的想法也十分赞同，于是提拔张择端入翰林院，并命他立即着手此事。

而此时，张择端再次显露出他的不同之处。他拒绝了在舒适的皇宫里创作这部作品的诱惑，而是请求宋徽宗给他安排了一间安静的农舍，以作创作之用。

在远离都市繁华的农舍，张择端创作出了中国历史上最好的风俗市井画。都市生活中的种种细节都得到了极佳的呈现，宏观构图和微观构图的搭配更是相得益彰。如果把这一切都放在茅舍的背景之下来看，更可见张择端成竹在胸的大气魄。

作品完成之后，宋徽宗十分赞赏，将其作为珍品收入了皇宫内府。要知道，在本身极有艺术天赋而又见多识广的宋徽宗眼里，能被称为"珍品"的画作着实不多。

但天有不测风云，文化艺术的繁荣并不能阻止北宋政权的覆灭。靖康一役，徽宗和钦宗双双被金人所掳，包括《清明上河图》在内的

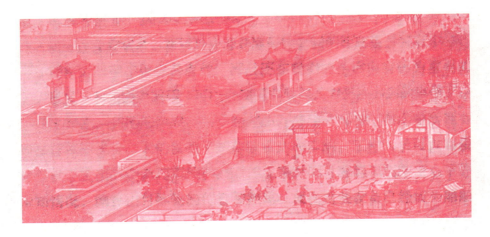

诸多艺术珍品也被金国掳掠一空。也不知是巧合还是宿命，伴随《清明上河图》的流失和连年的战乱，一代名都的繁华也逐渐成为往事，沉寂冷清慢慢变成了东京城的主旋律。

北宋被金国灭亡后，康王赵构在临安称帝，是为宋高宗，史称南宋。为了规劝高宗赵构重整旗鼓，恢复河山，张择端以更大的热情投入到第二张《清明上河图》的创作之中，希望高宗赵构在见到画中东京繁荣景象后会有所感触。但遗憾的是，赵构觉得当前的生活并没有什么不好，也对书画没什么兴趣，直接将呈上去的画作给退了回来。张择端打开画卷，悲愤不已，一气之下，将自己呕心沥血绘制而成的《清明上河图》付之一炬，幸好被家人及时发现并抢救出了一些画作残骸。不管张择端是否有两次创作《清明上河图》的经历，但他对国家的一片赤子之心有目共睹。其画作之所以能取得震撼人心的效果，就在于他将对这片土地深沉的爱融入到了方寸之间的画作当中，虽没有丝毫表露心迹的言辞，但其中的深情却能让每一个观者动容。

👉 人物简介

张择端（1085—1145），字正道。他自幼好学，早年曾在北宋都城东京（今河南开封）游学，后学习绘画。宋徽宗时供职翰林图画院，专工中国画中以界笔、直尺画线的技法，用以表现宫室、楼台、屋宇等题材，尤擅绘舟车、市肆、桥梁、街道、城郭。张择端是北宋末年杰出的现实主义画家，其作品大都失传，现存世的《清明上河图》《金明池争标图》都是我国古代的艺术珍品。《清明上河图》不只继承发展了久已失传的中国古代风俗画，还具有极大的史料考证价值。

探究乐园

一件珍贵艺术品的流传过程，同样具有很重要的研究价值。它每一次的易手，往往都牵扯着或大或小的历史更迭，可以说，艺术品已经在无形中担当起了串联历史的重任。《清明上河图》就是这样一件艺术作品。

张择端的这部伟大作品至今为止已经多次流转于官方与民间。最初这幅画是被北宋徽宗所收藏，并在画作上题下"清明上河图"五个字。北宋灭亡之后，这幅画流入到民间，不知所踪，后被南宋贾似道收藏。元朝时这幅画再度被宫廷收藏，元末又流落到民间。明朝嘉靖皇帝时期，画作被权臣严嵩、严世蕃父子所得，严嵩倒台后又被没入宫廷收藏。到明朝万历皇帝时期，画作被大太监冯保偷出，再次流落到民间。两百年后，画作又由清朝湖广总督毕沅收藏，毕沅死后画作再次被皇室收藏。清朝灭亡后，画作被末代皇帝溥仪带出故宫，直到1945年画作才又被收入东北博物馆（辽宁省博物馆），现藏于北京故宫博物院。

目标课文三：文成公主进藏

文成公主与酥油茶

如果现在谈到西藏地区的饮食习惯，相信大家的脑海中马上就会浮现出一个词语——酥油茶。

没错，如今酥油茶已经成为藏民族生活文化的一个显著特征。漂亮而华丽的茶具，古朴的酥油茶长筒，奶和茶混合的奇异香气，又香又脆的糌粑饼，这是每一个传统藏民家里最基本的配置，也是最自然的待客之道。

但在唐朝初期的吐蕃（今西藏地区），那时藏民们的生活中还没有酥油茶。由于青藏高原地区高寒的气候条件，当地人养成了以肉食和奶制品为主食的习惯，只有这样，才能有足够的体力和能力与严峻的生存环境做斗争。因此，藏民们食用的都是腥膻的肉食和未经加工处理的动物奶，而促成这项饮食文化发生改变的是当时因和亲入吐蕃的文成公主。作为一个在中原地区出生和成长的皇室成员，迥然相异的饮食文化让文成公主觉得很不适应。为了适应当地的饮食，文成公主便尝试用一些其他的方式来调节肉食带来的腥膻和油腻。这个时候，她发现就餐时加入从中原地区带来的茶叶，就会产生出其不意的效果。如果将奶和茶结合起来喝，效果会更好。后来，为了让这种效果更好，文成公主又在茶和奶的混合物中加入糖、盐巴、松子仁或酥油，逐渐

形成了今天为人们所熟知和喜爱的酥油茶。

因为文成公主长相俊美，且在吐蕃地区地位尊崇，她的这一习惯也逐渐通过高低不等的官员传递到藏区的每一个角落。当然，一件事物或者一种文化能够得到广泛认可，绝对不是靠某人的地位就能达成的，其本身必须具有让人信服的地方，酥油茶也是如此。藏区的百姓在食用这种饮品之后，都觉得它既能提神醒脑，又能消

食化油，对身体很有好处，所以也才有了这种延绵千年的饮食文化。而且这种饮食文化还直接促成了藏区和中原地区的商业交流，因为藏区并不盛产茶叶，所以文成公主就建议当地居民用毛皮、牛羊等特产和中原地区进行商业贸易。而商业沟通，又在一定程度上增加了双方的文化交流和融合。

今天，大家可能已经对文成公主到藏区和亲的政治意图没什么兴趣了，但对她为藏区经济发展和促进汉藏民族间的文化交流所做出的贡献却是有目共睹的。当然，还有在今日依旧香飘万里的酥油茶！

人物简介

文成公主（625—680），唐朝皇室宗族，任城王李道宗之女，在吐蕃被尊称甲木萨汉公主，吐蕃赞普松赞干布的第二位皇后。她聪慧美丽，自幼受家庭熏陶，学习文化，知书达理，并信仰佛教。640年，奉唐太宗之命和亲吐蕃。文成公主对吐蕃贡献良多。

拓展阅读

其实，国人引以为豪的丝绸之路并非只有经过新疆地区的那一条路线，在青藏高原也有一条重要的文化交通大道，古称为唐蕃古道，又被称为"丝绸南路"。从长安（今陕西西安）出发，途经甘肃、青海、西藏，可直达尼泊尔、印度等国。通过这条古道，连通了我国西南的友好邻邦。虽然现在的学界对这条通道还没有足够的重视，但是，相信随着之后研究者的进一步挖掘，终有一天它会被人们认可的。

目标课文四：晏子使楚

晏子不炫富

春秋战国时期，各诸侯国涌现出一大批才识卓绝、性格各异的"巨子"。他们或长于学术，或精于口才，或在政治上出类拔萃，或在商业上能力超凡，同时，他们的存在，使得中华文明的发展出现了第一次高峰。齐国晏婴就是这些人的典型代表。

晏婴是个极为简朴的人，他住的是普通的民房，吃的是粗茶淡饭，穿的也是普通百姓那样的粗布麻衣，外出的时候更多的是选择步行。如果在路上偶遇到这个人，你绝对想不到他是一个国家的宰相，更想不到他还是实力极为强盛的齐国的宰相。

有一次，齐景公派晏婴出使晋国，商谈两国结盟的事情。为了表示自己对其他国家的尊敬，晏婴出发之前还特意找出自己最好的衣服，沐浴更衣，收拾得清清爽爽。但是，当他到了晋国之后，面对个个锦衣华服的晋国君臣，晏婴的身上除了那把佩剑之外，实在再也找不出一样值钱的饰品了。晏婴的打扮一下成为晋国君臣蔑视和取笑的主要话题。此时，就连一向与晏婴交好的叔向也觉得晏婴的穿着太寒酸了，他准备借此机会好好地敲打敲打晏婴，让他以后在生活上能够达到和他的身份地位相符的水平。

第十章 历史星空

　　于是，在晋国为晏婴举办的盛大的午宴上，叔向开始说话了。他先是对晏婴的才华进行了一番吹捧，说他学识渊博，可与齐桓公时期的管仲相媲美。然后话锋快速一转，直接问了晏婴节俭和吝啬之间有什么区别。其实，叔向并不指望晏婴能做出什么回答，他只是想用这种方式，提醒晏婴注意自己的身份，别整天把自己弄得和乞丐没什么两样。

　　这时，那些晋国的大臣们都忍不住在暗自偷笑，等着看晏婴出丑。晏婴当然知道叔向的话是什么意思，也知道所有的人都在等着看自己的笑话。晏婴微微一笑，只用了一段话，就让叔向的如意算盘落空了。

　　"在下虽无什么才学，但节俭与吝啬还勉强分得清。节俭是君子的美德，吝啬是小人的恶德。衡量一个人财物的多寡，不是看这个人的穿戴是否华丽，也不是看这个人的出手是否阔绰，而是看这个人是否有计划地使用自己的钱物。富贵时不过分地加以囤积，贫困时不轻易向他人借贷，不放纵私欲，不奢侈浪费，不与人攀比，时刻念及百姓之疾苦，国家之兴盛，这便是节俭；而家中金银堆积如山，却独自享用，丝毫不想赈济受灾受难的百姓，这样的人，即使一掷千金，穿金戴银，天天山珍海味，那也是吝啬。"

　　晏婴就是以这样一种巧妙的方式实现了局势的逆转，其反应之敏捷、境界之高达可见一斑。

人物简介

　　晏婴（公元前578—公元前500），字仲，谥平，习惯上多称平仲，又称晏子，夷维（今山东高密）人。晏婴是春秋后期齐国重要的政治家、

151

思想家、外交家。他以生活节俭、谦恭下士著称。据说晏婴身材不高，其貌不扬。晏婴历任齐灵公、齐庄公、齐景公三朝的卿相，辅政长达50余年。周敬王二十年（公元前500），晏婴病逝。

 拓展阅读

晏子巧谏

有一天，齐国一个养鸟的小官烛雏遭遇了人生中最大的一次考验，他很有可能因为一只重返大自然的鸟儿而人头落地。他明白，作为鸟官，无意间放走齐景公极为宠爱的鸟儿，活命的机会微乎其微。

就在此时，晏婴恰好听说了这件事，硬生生地将烛雏从死亡线上拉了回来。他的方法其实看起来也很简单，先顺着齐景公的怒气称烛雏犯了三宗罪，找到发言机会，然后再通过层层递进的方式指出，如果齐景公真的为了一只鸟而杀掉烛雏，就将背负爱鸟不爱人的暴君骂名，这对一国之君来说是一件很不值得的事情，从而顺利地救下了烛雏的性命。

纵观整个事件的过程，核心就在于晏婴掌握了齐景公的心理特点，从而轻而易举地达成了目标。而如果晏婴从正面对齐景公强行规劝的话，很有可能达不到预期的效果。这就是一个办事的方法问题。

目标课文五：草船借箭

到底是谁草船借箭

　　大雾弥漫的长江之上，一支20来艘小船组成的船队行驶在江面上，诸葛亮和一头雾水的鲁肃对坐于船上的方桌两边，桌上摆的是上好的白酒和吃食，两人笑谈风月，纵论古今。不知不觉间，这支小小的船队来到了曹军水寨之前，引得曹军一片惊慌。但碍于大雾遮眼，曹军不明就里，也就没有贸然出击，只是叫弓箭手朝江面上乱射了一通，以作威慑。直到后来听到诸葛亮帐下将士们"谢谢曹丞相的箭"的呼喊声，曹军才明白他们是上了诸葛亮的当，但已悔之晚矣，只能目送满载着十万支箭的船队潇洒离去。这就是《三国演义》中经典的草船借箭的故事。

　　但在魏国郎中鱼豢所著的史书《魏略》中提到了这样一件事："权乘大船来观军，（曹）公使弓弩乱发，箭着其船，船偏重将覆，权因回船，复以一面受箭，箭均船平，乃还。"这似乎与《三国演义》中的情节不太一样。

　　当时作为魏国人的鱼豢应该是最清楚草船和箭这两者之间关系的，因为他拥有现场的第一手资料。真实的场景很有可能是这样：公元213年，曹操率大军

进攻吴国，双方都没有必胜的把握，战争也就长期僵持不下。一天，焦躁的孙权想去打探一下曹军的虚实，便亲自乘坐一艘大船前去刺探敌情，但曹军并不想让这个"间谍"得逞，于是就在大船快要靠近的时候，狠狠地用弓箭招呼孙权。由于射中船只的箭太多，且多射在船体的一侧，差点出现翻船的事情。此时，孙权急中生智，命人将船调换了一个方向，让接下来的箭射在船的另一侧，以使整只船保持平衡。

也就是说，广为流传的草船借箭故事存在很大的错误。首先，主角是孙权而不是诸葛亮。其次，孙权到曹军大营前不是为了"借箭"，而是考察军情。第三，让整个船身都插满箭头不是孙权有意为之，而是急中生智的自保之举。第四，孙权离开的时候，并没有让手下士兵高呼"谢丞相箭"之类的话，要知道，那个时候的主要任务是逃命，而非打招呼。

除此之外，周瑜也曾经在北宋街头说书艺人的口中和剧本里上演过草船借箭的戏码，据传"谢丞相箭"就是出自于他。但这些都是艺人们的演绎，不足为信。

从这个故事的流传和演变过程来看，历史真的非常有趣，故事之后往往还有更多的故事。

👉 人物简介

诸葛亮（181—234），字孔明，号卧龙，琅琊阳都（今山东临沂市沂南县）人，三国时期蜀汉丞相，杰出的政治家、军事家、发明家、文学家。诸葛亮在世时被封为武乡侯，死后追谥忠武侯。后来东晋政权推崇诸葛亮的军事才能，特追封他为武兴王。诸葛亮为匡扶蜀汉政权，呕心沥血，鞠躬尽瘁，死而后已。

诸葛亮的代表作有《前出师表》《后出师表》《诫子书》等。诸葛亮曾发明过木牛流马等，并改造连弩，可一弩十矢俱发，在北伐期间起到很大的作用。诸葛亮死后，受到世人极大的尊崇，成为忠臣的楷模和智慧的化身。

 拓展阅读

诸葛亮七擒孟获

蜀汉建兴三年（225），诸葛亮为了巩固后方，解除北伐曹魏的后顾之忧，亲自率军南征，平定南中地区的叛乱。进入南中以后，蜀军连连取得胜利，但是要想彻底征服南中地区，必须要征服一个人，这个人就是被当地的夷、汉民众所敬服的夷人首领孟获。

诸葛亮在听到这个消息后，便决定会会孟获，并彻底征服他。在初次交手的时候，诸葛亮设计擒住了孟获，并把他带到蜀军大营中参观。诸葛亮在领他观看蜀军的营阵时问他："此军如何？"孟获不服，说："以前我不知道蜀军的虚实，所以被你打败。今天你让我观看了营阵，再打我肯定能赢！"诸葛亮便把他放掉，让他回去组织人马再战。

就这样一连交战七次，当诸葛亮最后一次释放孟获时，孟获说："公，天威也，南人不再反叛了！"诸葛亮以这种攻心的战略，成功地平服了叛乱，稳定了南方，使他可以专注于北伐而无后顾之忧。